Arena-Taschenbuch
Band 1897

Manfred Mai,
Jahrgang 1949, lebt als freier Schriftsteller
mit seiner Familie in seinem Geburtsort Winterlingen
auf der Schwäbischen Alb.
Er schreibt Geschichten und Gedichte für Kinder,
Jugendliche und Erwachsene.
Seine Bücher wurden in viele Sprachen übersetzt
und mehrfach ausgezeichnet.

In der Reihe »Kurze Geschichten«
erschien von ihm bereits:
»Das rätselhafte Hausgespenst
und andere spannende Geheimnisgeschichten«

Weitere lieferbare Bücher im Arena Verlag
und in der Edition Bücherbär:

»Große Pause – Schulgeschichten«
»Moni mag Murat«
»Nur Fußball im Kopf?«
»Und alles wegen Marius«
»Ein Pferd für Theresa«
»Von morgens acht bis abends acht«
»Wir sind die Kinder dieser Welt«
»Das rätselhafte Hausgespenst«
»Martins größter Wunsch«

Manfred Mai

Wenn Oma plötzlich fehlt

Arena

Für meine Kinder

In neuer Rechtschreibung

1. Auflage als Arena-Taschenbuch 1997
© 1997 by Arena Verlag GmbH, Würzburg
Alle Rechte vorbehalten
Überarbeitete Neuausgabe der im Verlag Herder erschienenen gebundenen Ausgabe
Reihenkonzeption: Karl Müller-Bussdorf
Umschlagillustration: Marlis Scharff-Kniemeyer
Gesamtherstellung: Westermann Druck Zwickau GmbH
ISSN 0518-4002
ISBN 3-401-01897-3

1

Mutter öffnet leise die Tür. Vom Flur fällt Licht auf Daniels Gesicht. Er blinzelt und dreht den Kopf zur Seite.
»Was ist denn?«
»Seid ihr schon wach?«, flüstert Mutter.
»Nein, wir schlafen noch«, brummt Daniel. Er wird jedes Mal grantig, wenn morgens einfach die Tür aufgeht, ohne dass Mutter zuvor zwei-, dreimal gerufen hat.
Auch Alexander schlägt die Augen auf, sieht Mutter, schaut auf den Wecker und muffelt: »Was soll denn das? Ist doch erst viertel nach!«
»Wir müssen euch etwas sagen.«
Erst jetzt bemerkt Alexander, dass Vater in der Tür steht. Er richtet sich auf. »Ist Oma...«

Plötzlich ist auch Daniel hellwach. Einen Augenblick lang starrt er Mutter mit großen Augen an. Dann hält er sich die Ohren zu und schlüpft unter die Bettdecke.

Vater setzt sich auf Daniels Bett. Langsam hebt er die Decke und streichelt Daniel übers Haar. Der rollt sich zusammen, macht sich klein und rutscht weiter nach unten.

»Daniel.« Vater zieht Daniels rechte Hand ein wenig vom Ohr weg. »Nun hör mir doch mal zu.«

Daniel schüttelt den Kopf.

»Wir wollen dir . . .«, beginnt jetzt Mutter.

Alexander fällt ihr ins Wort. »Lasst ihn doch.«

»Aber wir . . .«

»Ich rede mit ihm.«

»Das ist lieb von dir, Alexander«, sagt Mutter. »Dann sag ihm auch, dass Oma nun keine Schmerzen mehr hat.« Vater sieht Alexander an, als wolle er damit ausdrücken: Was ich jetzt sage, das sage ich auch für dich. »Und sag ihm, dass es für sie und für uns alle wohl so am besten ist . . .«

»Das ist nicht wahr!«, schreit Daniel. »Du lügst! Und du bist gemein! So ist es nicht am besten! Auf jeden Fall nicht für Oma und für mich auch nicht.« Tränen kullern ihm über die Backen.

Mutter weint jetzt auch. Sie setzt sich zu Daniel und nimmt ihn in die Arme.
Nur noch das Schniefen der beiden ist zu hören.
Vater beginnt noch einmal: »Ja, also . . .«
Mutter schüttelt schnell den Kopf.
»Dann mach ich mal das Frühstück.« Vater steht auf und geht hinaus.
Eine Weile ist es sehr still im Zimmer.
»Du hast Recht, Daniel«, sagt Mutter schließlich. »Am besten wäre es, wenn Oma wieder gesund und zu Hause sein könnte.«
Daniel setzt sich aufrecht ins Bett und fährt sich mit dem Ärmel seines Schlafanzugs ein paar Mal übers Gesicht.
»Du warst doch vergangene Woche noch bei ihr im Krankenhaus und hast gemerkt, dass sie dich nicht mehr richtig erkannte. Und in den letzten Tagen ist es immer schlimmer geworden. Sie wusste überhaupt nichts mehr. Nicht einmal mehr, wer sie selber war. Die Ärzte mussten ihr starke Spritzen geben, damit sie die Schmerzen überhaupt ertragen konnte. Aber helfen konnten sie ihr nicht mehr. Deswegen hat Papa vorhin gesagt, so sei es wohl am besten für Oma und für uns. Verstehst du jetzt?«
Daniel nickt und sagt gleichzeitig: »Nein.«

Mutter streicht ihm liebevoll über den Kopf, steht auf, geht zu Alexander und streichelt auch ihn.
Alexander mag es sonst nicht, wenn Mutter ihn genauso behandelt wie Daniel. Schließlich ist er schon vierzehn, Daniel noch nicht einmal zehn. Aber jetzt tut es gut, Mutters Hand zu spüren.
»Ihr braucht heute nicht zur Schule«, sagt Mutter noch, bevor sie hinausgeht. »Lasst euch ruhig Zeit. Papa und ich sind unten.«
Alexander knipst seine Leselampe an.
»Was machen wir jetzt?«, fragt Daniel.
»Wir ziehen uns an und gehen runter zum Frühstück«, antwortet Alexander.
»Zum Frühstück? Wir können doch nicht einfach wie sonst frühstücken.« Daniel schüttelt den Kopf. »Das geht doch nicht.«
Alexander hebt seine Bettdecke ein wenig hoch. »Willst du zu mir rüberkommen?«
Das lässt sich Daniel nicht zweimal sagen. Heute schon gar nicht. Er liegt gern vor dem Aufstehen noch eine Weile mit Alexander im Bett. Manchmal liegen sie nur so beieinander; manchmal spielen sie Gedankenerraten; manchmal erfinden sie Geschichten.
Jetzt starren beide an die Decke.
»Du denkst, dass das alles gar nicht wahr

ist«, sagt Alexander auf einmal. »Hab ich Recht?«
»Vielleicht ist Oma nur scheintot. Du hast mir mal erzählt, dass es das gibt«, murmelt Daniel.
Alexander dreht sich um, damit er Daniel in die Augen sehen kann. »Das gibts auch, aber nur ganz, ganz selten ...«
»Und wenn Oma ...«
»Danni, hör mal, selbst wenn du Recht hättest, wenn Oma nur scheintot wäre und wieder aufwachen würde, was wäre dann? Sie könnte sich nicht mehr an früher erinnern, sie würde dich und mich nicht mehr kennen. Sie wäre eigentlich gar nicht mehr unsere Oma, höchstens noch äußerlich. Und man müsste sie in ein Heim bringen.«
Daniel sagt nichts, er denkt nach. Nicht mehr an früher erinnern können! Wo Oma doch immer so viel von früher erzählt hat. Sie wüsste gar nichts mehr! Und sie könnte nicht mehr zu Hause sein, müsste in ein Heim. Daniel schüttelt leicht den Kopf. Nein, da gehörte seine Oma nicht hin.

2

Drei Tage später ist die Beerdigung. Daniel möchte nicht mit auf den Friedhof gehen. Wenn er an Oma und den Sarg denkt, zwickt und kribbelt es immer ganz komisch im Bauch. Aber allein zu Hause bleiben will er auch nicht.

»Opa wäre traurig, wenn du nicht mitkommen würdest«, sagt Mutter. Sie hockt sich nieder und schließt Daniel in die Arme wie so oft in den letzten Tagen. »Du brauchst keine Angst zu haben, wir sind ja bei dir.«

»Ich hab keine Angst.« Daniel macht sich von Mutter los.

»Seid ihr bald fertig?«, ruft Vater ungeduldig.

»Sofort!« Mutter hilft Daniel in die Jacke, zupft an seinem Hemdkragen und wirft Alexander einen vorwurfsvollen Blick zu, weil er die braunen Schuhe angezogen hat.

»Ist schon gut, ich zieh die andern an, auch wenn sie viel zu klein sind und ich in ihnen kaum laufen kann.«

»Alexander, bitte!« Mutters Stimme ist kurz vor dem Umkippen. »Eine Stunde wirst du es ja wohl aushalten, oder!«

Normalerweise würde Alexander jetzt so lange mit Mutter diskutieren – sie nennt es streiten –, bis sie nachgeben würde. Aber nun geht er murrend zum Schuhschrank und wechselt die Schuhe.
»Na endlich«, sagt Vater, als alle im Auto sitzen. »Wir müssen schließlich noch Opa abholen.«
Er fährt los, dass die Steine in der Einfahrt wegspritzen.
»Du hast leicht reden. Du brauchst nur dich selbst, ich muss mich und die Kinder anziehen«, stöhnt Mutter.
»Die sind doch alt genug, um allein in eine Hose und ein Hemd schlüpfen zu können«, meint Vater.
»Hast du eine Ahnung, wie die dann herumlaufen würden!«
»Ach was, es ist immer dasselbe.« Vater tritt noch stärker aufs Gaspedal.
»Müsst ihr ausgerechnet jetzt streiten?« Daniel versteht seine Eltern nicht.
»Er hat Recht«, sagt Mutter. »Jetzt ist wirklich nicht der richtige Zeitpunkt, um miteinander zu streiten. Und überhaupt, wir streiten uns immer über Dinge, über die wir gar nicht streiten brauchten.«
»Da bin ich ganz deiner Meinung«, sagt Va-

ter etwas zu laut. »Wenn du in Zukunft öfter daran denken würdest . . .«
»Na, hör mal«, verteidigt sich Mutter. »Du willst doch nicht sagen . . .«
Daniel und Alexander schütteln die Köpfe.
»Ihr fangt ja schon wieder an!«, kommt es wie aus einem Mund.
Die Eltern schweigen und sehen stur geradeaus.

Vor Opas Haus parken schon einige Autos. Und im Stüble, wie Opa das kleine Wohnzimmer nennt, sitzen und stehen viel zu viele Leute. Tante Gerlinde und Onkel Rudi mit Nicole und Thorsten. Tante Dora und Onkel Werner. Opas Schwestern und noch ein paar andere. Nur Opa ist nicht zu sehen.
»Wo ist er denn?«, fragt Mutter, nachdem sich alle begrüßt haben.
»Er macht sich nur noch schnell fertig«, antwortet jemand.
Daniel bemerkt, wie Nicole und Thorsten, die elf und zwölf Jahre alt sind, zu ihm herüberschielen, miteinander tuscheln und sogar leise kichern.
Wie kann man an so einem Tag und noch dazu in Opas Haus kichern, denkt Daniel. Am liebsten würde er zu den beiden hinge-

hen und ihnen sagen, dass sie dumm sind. Doch da kommt Opa schon herein. Er hat geweint, das sieht man.
Alle hören auf zu flüstern, machen traurige Gesichter oder schauen auf den Boden.
»Dann können wir jetzt gehen«, sagt Tante Dora und gibt Mutter mit den Augen zu verstehen, dass sie auf Opa achten soll.

3

»Kommt denn außer uns niemand zu Omas Beerdigung?«, fragt Daniel erstaunt, als er auf dem Friedhof keine Leute sieht.
»Aber natürlich«, antwortet Tante Gerlinde, »bestimmt kommen viele Leute. Oma war ja im Dorf sehr beliebt. Wir sind nur früher hier, damit wir uns alle in Ruhe von ihr verabschieden können.«
Daniel erschrickt. Oma ist doch tot. Wie kann man sich denn von jemandem verabschieden, der tot ist? Er geht ein wenig langsamer, damit er Alexander fragen kann.
»So sagen die Erwachsenen«, erklärt Alexander, »wenn sie in der Leichenhalle zum letzten Mal vor dem offenen Sarg stehen.«
Daniel erschrickt noch mehr. »Da geh ich nicht hinein«, sagt er so laut, dass sich die andern umdrehen.
Mutter nimmt ihn an der Hand. »Wir sind doch bei dir.«
Daniel reißt sich los. »Nein, ich geh da nicht rein!«
Tante Gerlinde schüttelt den Kopf. »Aber

Daniel«, sagt sie. »Nicole und Thorsten gehen doch auch mit.«
»Die sind ja auch dumm«, rutscht es ihm heraus.
»Das ist doch . . .«
»Lasst den Jungen zufrieden«, sagt Opa kurz.
»Aber ich . . .«
Onkel Rudi gibt Tante Gerlinde mit dem Ellbogen einen Stoß in die Seite.
Daniel bleibt unter dem Vordach stehen. Mutter wirft ihm nochmals einen bittenden Blick zu, bevor sie mit Vater und Alexander durch die Tür geht. Daniel schaut zur Seite. Er will sich nicht von Oma verabschieden. Er will bei Oma bleiben. Und er will, dass Oma bei ihm bleibt. So, wie sie war.
Er erinnert sich, wie er auf ihrem Schoß saß. Wie ihr immer die Lesebrille auf die Nasenspitze rutschte. Wie sie bei traurigen Geschichten feuchte Augen bekam. Wie sie zusammen Pudding kochten. Wie sie ihm das Stricken beibrachte. Wie sie ihm von früher erzählte. Wie sie manchmal schimpfte.
Einmal stand sie mit Daniel am Fenster und beobachtete, wie das Müllauto einfach an ihrer Mülltonne vorbeifuhr.

»Was fällt denn denen ein!«, rief sie. Sie drehte sich blitzschnell, dass sie Daniel beinahe umstieß, und lief hinaus. Daniel hatte nicht gedacht, dass Oma so schnell laufen konnte. Zwei Häuser weiter erwischte sie einen der beiden Müllmänner am Ärmel und schimpfte wie ein Rohrspatz.

»Ich . . . kann nichts dafür, ich . . . ich bin«, stotterte der schnauzbärtige Mann, den Oma festhielt.

»Das ist mir egal«, unterbrach ihn Oma. »Und wenn Sie der Kaiser von China persönlich sind, bevor Sie nicht unsere Mülltonne geleert haben, lasse ich Sie nicht los!«

Der Mann sah Hilfe suchend zu seinem Kollegen.

»Nun machen Sie doch kein solches Theater«, sagte der, »wegen so einer dämlichen Mülltonne. Wahrscheinlich ist sie nicht einmal halb voll.«

Das hätte er besser nicht gesagt.

»Was fällt Ihnen ein, Sie frecher Schnösel!« Oma war nicht mehr zu bremsen. »Das geht Sie überhaupt nichts an! Und wenn sie nur viertel voll wäre, ist es ihre Pflicht, sie zu leeren! Wir zahlen schließlich genug Müllgebühren. Schämen Sie sich einer alten Frau so eine Antwort zu geben!«

Die Müllmänner sagten keinen Ton mehr. Sie holten Omas Mülltonne und leerten sie. Daniel hatte die ganze Zeit am Gartentor gestanden und nicht gewusst, was er tun sollte. Aber er war ziemlich stolz auf seine Oma.
Diese Geschichte fällt ihm ein, während er vor der Tür zur Leichenhalle steht. Nein, er wird sich von seiner Oma nicht verabschieden. Niemals.
Nicole und Thorsten stehen schräg gegenüber von Daniel. Sie tuscheln und kichern wieder. Nicole zeigt sogar mit dem Finger auf ihn. Doch diesmal guckt Daniel nicht verschämt weg. Im Gegenteil, er schaut Nicole voll an. Was verstehen denn die beiden schon, denkt er. Nichts verstehen die. Gar nichts.
Alexander und Vater kommen aus der Leichenhalle. Sie stellen sich neben Daniel.
»Na?«, fragt Daniel und guckt seinen Bruder erwartungsvoll an.
»Was?«
»Hast du sie gesehen?«
»Ja.«
Alexander ist blass und will nicht reden. Jetzt ist Daniel erst recht froh, dass er draußen gewartet hat.

Mutter und Tante Dora haben Opa rechts und links untergehakt, als sie herauskommen. Opa weint. Mutter und Tante Dora weinen auch.
Daniel schießen plötzlich Tränen in die Augen. Er kann nichts dagegen tun.

4

Jetzt stehen viele Leute vor der Leichenhalle und bis in die Friedhofswege hinein. Alle suchen einen schattigen Platz.
Die Sedelberger ist auch da.
»Die steht bei jeder Beerdigung genau gegenüber von den Angehörigen«, schimpfte Oma manchmal, »damit sie auch ja alles genau sehen kann. Als ob sie sich an der Trauer anderer freuen würde.«
Der Pfarrer kommt, stellt sich neben den Sarg und spricht ein Gebet. Nachdem er schweigt, bilden sieben ältere Frauen einen Halbkreis. Vor ihnen steht ein Mann mit einem altmodischen Hut auf den weißen Haaren. Er hebt die Arme wie ein Dirigent und summt einen Ton. Die Frauen versuchen den Ton nachzusummen. Es gelingt ihnen erst beim dritten Mal einigermaßen. Der Dirigent gibt das Zeichen, die Frauen beginnen zu singen. »Wohlauf, wohlan zum letzten Gang! Kurz ist der Weg, die Ruh ist lang. Gott führt ein, Gott führt aus; wohlauf, hinaus! Kein Bleiben ist im Erdenhaus.«
»Leichenchor ist der richtige Name für die«,

flüstert Alexander Daniel ins Ohr. »Die singen ja, wie wenn sie selbst schon Leichen wären.«
Daniel bemerkt, dass Opas Kinn sich bewegt, dass er schluckt und wieder feuchte Augen bekommt. Onkel Werner schneuzt sich. Tante Dora und Mutter weinen. Die andern kann er nicht sehen.
Endlich hören die Frauen auf zu singen.
Vier junge Männer, Bekannte der Familie, treten neben den Sarg und tragen ihn zum Grab. Hinter ihnen geht schweigend die Trauergemeinde.
Daniel versucht die ganze Zeit nicht an seine Oma im Sarg zu denken. Er zählt die Grabsteine, liest Namen und Grabinschriften.
Die Männer stellen den Sarg auf ein Metallgestell. Der Totengräber ist noch nicht zufrieden. Er gibt ein paar kurze Anweisungen. Die Männer rücken den Sarg hin und her. Dabei wackelt er bedenklich. Dann dreht der Totengräber an einer Kurbel. Der Sarg senkt sich in die Erde.
Oma! Für Daniel ist es der schlimmste Augenblick in seinem ganzen Leben. Der Mann lässt seine Oma einfach in einem Loch verschwinden.

Daniel will sich auf den Totengräber stürzen, ihn zwingen Oma wieder heraufzuholen, aber er kann sich nicht bewegen. Steif und stumm steht er zwischen Alexander und Vater.
Warum tut denn niemand was, schießt es ihm durch den Kopf. Er sieht hinauf zu Vater, dreht den Kopf ein wenig, sieht lauter bekannte Gesichter, die ihm unbekannt und fremd erscheinen.
Alle starren in das offene Grab. Niemand rührt sich.
Daniel schaut an dem redenden Pfarrer vorbei. Warum darf heute die Sonne so unverschämt scheinen, fragt er sich. Eigentlich müsste es doch regnen. In den Büchern und im Fernsehen regnet es fast immer bei Beerdigungen. Oder es nieselt wenigstens. Oder es ist neblig und trüb.
». . . und lege deinen Leib in Gottes Acker. Aus Erde bist du gemacht, zu Erde sollst du wieder werden. Wie es geschrieben steht . . .«
Daniel glaubt, nicht richtig gehört zu haben. Seine Oma soll aus Erde gewesen sein, aus Dreck! So ein Blödsinn! Er erinnert sich, dass er in der Schule mal gelernt hat, der menschliche Körper bestehe zum größten

Teil aus Wasser, Eiweiß und Fett. Das wollte er zwar nie so recht glauben, aber von Erde war jedenfalls nicht die Rede. Was der Pfarrer einem alles erzählt.

Plötzlich hört Daniel ein eigenartiges Poltern. Der Pfarrer wirft mit einer Spielzeugschaufel Erde auf den Sarg. »Erde zu Erde, Asche zu Asche, Staub zu Staube«, murmelt er dazu.

Schon wieder! Daniel presst die Lippen zusammen.

Mutter und Tante Dora führen Opa zum Grab. Er zieht das linke Bein nach. Sie bleiben stehen und schauen hinunter. Von hinten kann man erkennen, dass die beiden Frauen weinen. Sie werfen ihre Blumensträuße auf den Sarg, dann treten sie wieder zurück.

Danach geht Vater mit Daniel und Alexander zum Grab. Daniel schmeißt sofort seine Blumen hinunter. Er kann nichts mehr denken. In seinem Kopf ist ein schwarzes Loch.

Alexander steht mit gesenktem Kopf neben Vater. Er wartet, bis der die Blumen hinunterwirft, dann wirft er seine auch. Ein paar Sekunden bleibt er noch stehen und faltet die Hände vor dem Bauch wie sein

Vater. Dann stellen sie sich wieder neben Mutter.

Es dauert lange, bis alle an Omas Grab vorbeigezogen sind und Omas Familie das Beileid ausgesprochen haben.

5

Nach der Beerdigung treffen sich die Verwandten und ein paar gute Bekannte von Oma und Opa im Nebenzimmer des Gasthauses »Zum Bären«. Es gibt Kaffee und Kuchen.
»Leichenschmaus nennen die Erwachsenen das«, flüstert Alexander seinem Bruder zu.
»Leichenschmaus?« Daniel verzieht das Gesicht. Ihn gruselt es ein wenig, wenn er an das Wort denkt. Aber es geht ihm nicht mehr aus dem Kopf. Manchmal spinnen die Erwachsenen wirklich. Als ob man hier eine Leiche verspeisen würde! Kaffee und Leiche.
»Kaffee und Leiche«, flüstert er.
»Was?«, fragt Alexander.
»Hier gibt es Kaffee und Leiche.« Daniel wiederholt es so laut, dass die in seiner Nähe Sitzenden es hören. Einen Augenblick lang sind alle sprachlos, sehen aus wie Puppen und starren Daniel an.
»Also Daniel!« Mutter fängt sich zuerst wieder.
Daniels Augen füllen sich mit Tränen.

»Was redest du denn für dummes Zeug!«, sagt Vater.
»*Ihr* sagt doch so komische Wörter wie Leichenschmaus«, verteidigt sich Daniel. Die Tränen rinnen ihm jetzt übers Gesicht. Dazu schnieft er dauernd.
»Hast du kein Taschentuch?«, fragt Mutter schon versöhnlicher.
Daniel schneuzt sich und schaut dabei zu Opa hinüber. Der nickt ihm zu. Das gibt ihm wieder Mut. »Trauerfeier sagt ihr auch, wo eine Feier doch etwas Lustiges ist und nichts Trauriges.«
»Der Junge hat Recht.« Jetzt lächelt Opa sogar ein wenig.
»Und Tante Gerlinde hat vorhin gesagt, es sei eine schöne Beerdigung gewesen. Mir hat sie aber nicht gefallen . . .«
»Das verstehst du noch nicht«, unterbricht Tante Gerlinde Daniel. »Und überhaupt . . .«
»Der Junge hat wirklich Recht«, stellt Opa noch mal fest, nur ein bisschen lauter als beim ersten Mal. »Wir sollten uns mehr Gedanken darüber machen, was wir sagen, und nicht einfach vor uns hinplappern.«
Das Kaffeegeschirr ist abgeräumt. Ein paar Männer trinken Bier und rauchen. Ein paar Frauen ebenfalls. Andere nippen an Wein-

gläsern oder trinken irgendwelche Säfte wie die Kinder. Es ist lauter geworden, viele reden durcheinander. Am hinteren Tisch wird kurz gelacht.
Alexander baut ein Bierdeckelhaus oder etwas Ähnliches. Plötzlich zieht Daniel einen Bierdeckel heraus und alles fällt zusammen.
»Ach, Mensch, du bist gemein!«
»Kannst ja wieder ein neues bauen.«
»Jetzt hab ich keine Lust mehr.«
»Ich helfe dir.«
Tante Gerlinde schüttelt den Kopf. Nicole und Thorsten quengeln. Sie wollen nach Hause.
»Ihr werdet es wohl noch erwarten können!«
Das sitzt wie eine Ohrfeige.
Opa steht auf und geht zur Toilette. Kaum ist er draußen, beugt sich Tante Gerlinde zu Mutter hinüber und fragt leise, aber doch so, dass es Tante Dora und Onkel Werner auch hören: »Was wird jetzt aus Vater?«
»Hat das nicht noch ein bisschen Zeit?«, fragt Tante Dora.
»Warum sollen wir denn damit noch warten? Wir sitzen schließlich nicht jeden Tag wie heute beisammen.« Und um ihren Worten Nachdruck zu verleihen, fügt sie noch hinzu:

»Wir können jedenfalls nicht morgen oder übermorgen schon wieder nach Winterlingen kommen.«
»Ach, weißt du«, sagt Mutter, »wir haben uns darüber noch gar keine Gedanken gemacht.«
»Wir schon.« Es klingt fast ein wenig vorwurfsvoll.
»Also, ich will euch . . .«
»Sag mal«, fällt Tante Dora ihr ins Wort, »findest du es richtig, das jetzt hier zu besprechen?«
»Warum denn nicht?«, fragt Tante Gerlinde spitz.
Während die Erwachsenen reden, gehen Daniel viele Gedanken durch den Kopf. Jemand sollte sich auf Tante Gerlinde stürzen und ihr den Mund zubinden, wünscht er sich. Wenn sie nichts mehr sagen könnte, müsste man sie fesseln und an die Säule binden, die mitten durch den Stammtisch geht. Alle würden um sie herumtanzen wie die Indianer. Mit langen Küchenmessern. Bis sie in Ohnmacht fallen würde. Dann hätte man Ruhe vor ihr.
»Also, wir haben gedacht«, beginnt Tante Gerlinde von neuem, »allein kann er ja wohl nicht bleiben. Und da wäre es doch am bes-

ten, wir würden ihm einen Platz im Altersheim besorgen.«

»Na, hör mal!« Jetzt platzt Mutter der Kragen. »So geht das aber nicht, da haben wir schließlich auch noch ein Wörtchen mitzureden!«

»Sei doch nicht so laut«, bittet Tante Dora. »Wenn uns Vater hört.«

»Ist doch wahr.«

»Also wirklich, Gerlinde«, sagt Tante Dora, »ich finde dein Verhalten unmöglich. Unsere Mutter ist noch keine zwei Stunden unter der Erde und für dich gibt es anscheinend nichts Wichtigeres, als Vater so schnell wie möglich in ein Altersheim abzuschieben.«

»Was heißt hier abschieben? Es gibt heute sehr schöne Altersheime.«

Daniel sitzt schräg gegenüber von Tante Gerlinde. Er streckt sich unter dem Tisch so lang wie möglich. Als er sicher ist, irgendeinen Teil von ihr zu treffen, schaut er zur anderen Seite und tritt mit voller Wucht zu.

»Auuuu!«, brüllt Tante Gerlinde und ihre Stimme wird immer höher. Sie greift mit beiden Händen nach dem getroffenen Bein und stößt dabei mehrere Gläser um.

»Aua, ah«, jammert sie.

»Was ist denn passiert?«, fragt Onkel Rudi.

Sie gibt keine Antwort.
Daniel würde vor Freude über seinen Volltreffer am liebsten durch das Wirtshaus tanzen. Aber er schaut Tante Gerlinde ebenso erstaunt und unschuldig an wie die anderen.
»Wer hat das getan?!« Tante Gerlindes Stimme zittert vor Wut.
»Was denn?«, möchte Onkel Rudi endlich wissen.
»Mich hat jemand teuflisch gegen das Schienbein getreten.«
Daniel sieht Tränen in ihren Augen. Die sind wenigstens echt, denkt er.
»Gegen das Schienbein getreten?« Onkel Werner kann kaum das Lachen verkneifen. Und nicht nur ihm geht es so.
Tante Gerlinde sieht alle der Reihe nach an, die es gewesen sein könnten. Daniel und seinen Vater, Tante Dora und Onkel Werner. Allen traut sie so etwas zu, am ehesten jedoch Daniels Vater.
»Das vergesse ich nie«, zischt sie plötzlich.
»Aber damit ihr es nur wisst . . .«
»Opa kommt.«
»Na, warum seid ihr denn auf einmal so still?«, fragt Opa.
»Man kann doch nicht immer reden«, antwortet Tante Dora ein wenig verlegen.

»Habe ich euch die Sprache verschlagen, was?«
»Duu?«
»Ach, kommt.« Opa spricht leise. »Einem alten Mann wie mir könnt ihr doch nichts vormachen. Soll ich euch sagen, worüber ihr geredet habt? Über mich natürlich. Und soll ich euch noch mehr sagen?« Er sieht seine Familie an. »Was ihr mit mir machen wollt . . .«
»Aber Vater.« Tante Gerlinde tut beleidigt. »Was denkst du denn von uns?«
Daniel hätte große Lust, ihr noch einmal gegen das Schienbein zu treten. Das soll seine Tante sein, die Schwester seiner Mutter! Pfui Teufel!
»Gib dir keine Mühe«, sagt Opa immer noch leise. »Ich kenne dich, du bist schließlich meine Tochter.« Er achtet nicht auf den empörten Aufschrei, der Tante Gerlinde im Hals stecken bleibt.
»Ich habe gewusst, dass es einmal kommen wird. Aber dass ihr es so eilig habt, hätte ich doch nicht gedacht. Das tut ein bisschen weh, wo eure Mutter kaum unter der Erde ist.«
Er schneuzt sich kräftig.
Daniel versucht im Kopf die Worte zurecht-

zulegen, mit denen er Opa erklären könnte, dass nur Tante Gerlinde davon geredet hat. Mutter nicht und Tante Dora auch nicht. Doch sein Herz klopft wild und er findet wieder nicht die richtigen Worte.
Er würde gern zu Opa gehen und ihm auf den Schoß klettern, traut sich jedoch nicht. Stattdessen merkt er, wie ihm die Tränen kommen. Er beißt fest auf die Zähne und schluckt ein paar Mal.
Alle sitzen am Tisch, schauen in ihre Gläser oder auf ihre Hände.
»Aber wenn wir schon beim Thema sind«, fährt Opa fort, »ich kann euch beruhigen. Ich will keinem von euch zur Last fallen.«
»Vater, bitte, hör jetzt auf damit.« Mutter hält es nicht mehr aus. »Du weißt genau, dass du uns keine Last bist.«
»Noch nicht«, antwortet Opa. »Und so soll es auch bleiben.«

6

Nachdem sich alle Verwandten und Bekannten verabschiedet haben, sagt Opa: »Ich gehe jetzt auch nach Hause, ich muss mich ein wenig hinlegen.«
»Warte, ich komme mit dir«, sagt Mutter.
»Nein, nein«, wehrt Opa ab, »bleib du nur sitzen. Ich finde den Weg auch allein.«
»Du musst doch nicht zu Fuß gehen«, sagt Tante Dora. »Werner fährt dich schnell nach Hause.«
»Ihr braucht euch wirklich nicht zu bemühen; die paar Meter schaffe ich gut allein.«
Als Opa gegangen ist, wird eine ganze Weile nichts mehr geredet. Die Bedienung räumt die Nebentische ab und trägt die leeren Flaschen hinaus. Nicole und Thorsten rutschen ungeduldig auf ihren Stühlen hin und her. Alexander beobachtet, wie eine Fliege immer wieder gegen eine Fensterscheibe fliegt. Daniel hat Angst, dass Tante Gerlinde gleich wieder vom Altersheim reden wird. Die Worte »ins Altersheim abschieben« gehen ihm nicht mehr aus dem Kopf. Abschieben. Wie ein altes Auto. In die Werkstatt oder gleich

auf den Schrottplatz. Sie können Opa doch nicht einfach abschieben. Er ist doch kein altes Auto, er ist mein Opa!
»Und jetzt«, hört Daniel Tante Gerlinde auf einmal fragen und erschrickt.
»Was und jetzt?«, fragt Tante Dora zurück.
»Jetzt sind wir genauso weit wie vor einer Stunde. Was wird nun aus Vater?«
Tante Dora schüttelt den Kopf und schaut ihre Schwester böse an. »Du kannst es anscheinend wirklich nicht erwarten, Vater loszuwerden. Dabei könnte es dir doch egal sein, was mit ihm wird. Du hast ja in den letzten Jahren kaum nach ihm und Mutter gefragt.«
»Das brauche ich mir von dir nicht . . .«
»Jetzt rede ich und du wirst mir bitte zuhören. Du hast schließlich damit angefangen. Also, wenn du es genau wissen willst, ich bin gegen deinen Vorschlag mit dem Altersheim. Ich würde Vater am liebsten zu uns nehmen; Platz genug hätten wir ja in unserem neuen Haus . . .«
»Das könnte dir so passen!«, ruft Tante Gerlinde dazwischen.
Onkel Werner räuspert sich laut. »Ich verstehe euch nicht. Müsst ihr ausgerechnet heute miteinander streiten?«

»Wenn sie keine Ruhe gibt, dann muss sie sich eben auch anhören, wie ich die Sache sehe.« Tante Dora wendet sich wieder ihrer Schwester zu. »Und jetzt will ich wissen, was mir so passen könnte.«

»Tu doch nicht so, du weißt genau, was ich meine. Du willst Vater doch nur in euer Haus nehmen, weil du hoffst, dass du dann seine Rente bekommst. Und damit wollt ihr eure Schulden schneller zurückzahlen.«

»Jetzt reichts aber«, sagt Onkel Werner scharf.

»Also weißt du!« Mutter ist so empört, dass sie nichts mehr sagen kann.

Daniel würde Tante Gerlinde am liebsten ins Gesicht schreien, wie gemein er sie findet. Dir geht es ja gar nicht um Opa, dir geht es ja nur ums Geld, möchte er schreien. Aber er traut sich nicht.

Tante Dora scheint ganz ruhig zu sein. »Es ist gut, dass wir so nebenbei wenigstens mal erfahren, was du wirklich von uns denkst. Das werden wir uns merken. Aber ich kann dich beruhigen: Wir können Vater leider nicht zu uns nehmen, so gern wir es tun würden. Werner und ich sind nämlich beruflich oft die ganze Woche unterwegs. Dann wäre Vater wieder allein und dazu noch in

einer fremden Umgebung. Deshalb meine ich, es wäre am besten, er würde zu Rosemarie ziehen.«
»Au ja!«, ruft Daniel.
»Nun mal langsam«, sagt Vater. »So schnell geht das nicht. Da haben wir auch noch etwas zu sagen.«
»Bitte, bitte, bitte«, bettelt Daniel.
Vater sieht ihn kurz an. Dann fragt er die drei Frauen: »Warum kann euer Vater eigentlich nicht in seinem Haus wohnen bleiben?«
»Allein?« Tante Dora sieht Mutter an. »Er kann doch nicht allein bleiben. Oder kannst du dir vorstellen, dass Vater sich allein zurechtfindet, so unselbstständig wie er ist?«
»Das habe ich doch gleich gesagt. Aber auf mich hört ja niemand.« Tante Gerlinde wird lauter. »Er weiß bestimmt nicht einmal, wo seine Socken und Hemden liegen. Dem musste Mutter doch alles vor die Nase legen, sonst wäre er wochenlang in denselben Sachen herumgelaufen.«
»Das stimmt gar nicht«, sagt Daniel so laut, dass er selbst ein wenig über seine Stimme erschrickt.
»Musst du dich eigentlich immer einmischen, wenn Erwachsene miteinander reden!«

»Es geht schließlich um seinen Opa«, nimmt Mutter Daniel in Schutz.
»Trotzdem – Nicole und Thorsten tun so etwas nicht.«
»Das glaube ich«, sagt Vater spöttisch.
Tante Gerlinde dreht den Kopf zur Seite und antwortet nicht mehr.
»Vielleicht wäre es besser, wir würden ein andermal in Ruhe über alles reden«, schlägt Tante Dora vor.
Mutter nickt. »Das meine ich auch.«

7

»Jetzt ist Opa ganz allein«, sagt Daniel ohne jemanden anzusehen.

Vater liest die Zeitung. Mutter steht am Fenster und schaut hinaus. Beide reagieren nicht sofort. Alexander legt die Zeitschrift weg, in der er geblättert hat.

Mutter dreht sich langsam um, setzt sich neben Daniel auf die Couch und streicht ihm übers Haar. Daniel zieht den Kopf weg.

»Was sollen wir denn tun?« Sie hebt die Achseln und atmet schwer aus. »Ich weiß wirklich nicht, was wir tun sollen, Daniel.«

»Warum kann Opa denn nicht bei uns wohnen?«

»Er könnte schon«, antwortet Mutter nach einer Pause. »Und einerseits hätte ich ihn auch gerne bei uns, schon wegen euch beiden . . .«

»Warum holen wir ihn dann nicht?«

»Daniel, jetzt hör mir bitte mal ein paar Minuten zu, ohne dauernd dazwischenzureden, ja?« Sie wartet einen Augenblick, dann fährt sie fort: »Es gibt noch einen zweiten Grund. Ihr wisst doch auch, dass Opa in vielen Dingen sehr auf Oma angewiesen war.«

Daniel setzt schon wieder an, schluckt die Worte aber hinunter, als ihm Alexander einen sanften Stoß gibt.

»Wisst ihr, Opa ist ein Mann, der sein Leben lang gewohnt war, dass das Essen immer zur rechten Zeit auf dem Tisch stand, dass die Wäsche und die Kleidung immer sauber bereitlag, dass das Haus immer geputzt war und so weiter und so weiter. Als er noch ein Kind war, hatte er dafür seine Mutter, später Oma. Er selbst hat sich um all das nie gekümmert. Dafür waren nach seiner Meinung die Frauen zuständig. Das meint Tante Dora, wenn sie sagt, Opa sei sehr unselbstständig. Und deswegen müssen wir ihm helfen. Das ist selbstverständlich.«

»Dann ist es doch am besten, wenn er zu uns kommt«, meint Daniel.

»Was ich bisher gesagt habe, ist ja nur die eine Seite. Und so einfach, wie ihr euch das jetzt vorstellt, ist es mit Opa leider nicht. Er macht es den Menschen um sich herum nämlich nicht immer leicht. Opa hat einen mächtigen Dickkopf und wenn etwas nicht so geht, wie er es sich gedacht hat, dann kann er den größten Streit beginnen. Ich

weißt nicht, ob ihr ihn schon einmal erlebt habt, wenn er sich richtig in eine Wut hineinsteigert. Er ist dann nicht mehr ganz bei sich. Ich habe mich jedes Mal geschämt, wenn andere Leute dabei waren. Und Oma hat deswegen oft geweint.
Manchmal weiß Opa auch nichts mit sich anzufangen und mag sich selbst nicht mehr. Dann nörgelt und meckert er an allem und jedem herum. Von all dem merkt man natürlich wenig, wenn man immer nur ein paar Stunden zu Besuch ist. Muss man jedoch ständig zusammen sein, können daraus große Probleme entstehen. Ich bin zum Beispiel ziemlich sicher, dass es bei uns mehr Streit geben würde, wenn Opa immer hier wäre. Und das möchte ich eben nicht. Von der zusätzlichen Arbeit will ich einmal gar nicht reden.
Und ihr wisst auch, dass Opa und Papa sich nicht besonders gut verstehen, was nicht Papas Schuld ist. Opa mochte Papa von Anfang an nicht besonders. Daran hat sich bis heute leider wenig geändert, obwohl euer Papa sich viel Mühe gegeben hat. Wenn Opa mal ein Urteil gefällt hat, dann ändert er es nur noch sehr selten.«
Daniel hat Angst, dass Mutter ihn überzeu-

gen könnte und sagt schnell: »Er ist doch nur manchmal so, deswegen braucht er doch nicht in ein Altersheim.« Schon ist er wieder den Tränen nahe.

»Das soll er auch nicht«, beruhigt ihn Mutter.

»Aber wenn ihn niemand will«, Daniel wischt sich die Nase mit dem Hemdsärmel ab, »dann muss er doch ins Altersheim.«

»Daniel«, Mutter fällt das Sprechen schwer, »vorhin habe ich dir gesagt, dass ich selbst nicht weiß, was wir tun sollen. Ich glaube, da müssen wir alle noch viel nachdenken und noch viel miteinander reden. Vor allem aber müssen wir Opa Zeit lassen. Überleg mal, zweiundvierzig Jahre waren er und Oma verheiratet, zweiundvierzig Jahre haben sie miteinander gelebt. Und jetzt ist sie auf einmal nicht mehr da.« Mutter macht eine lange Pause und schneuzt sich, ehe sie weiterspricht. »Das muss er erst mal richtig begreifen und wir auch. So wie ich Opa kenne, kann er das am besten, wenn er seine Ruhe hat. Das heißt nicht, dass wir ihn allein lassen sollen, auf gar keinen Fall. Ich meine nur, einen Umzug würde er jetzt nicht auch noch verkraften. Ob nun zu uns oder sonst wohin.«

8

Am nächsten Morgen müssen Alexander und Daniel wieder zur Schule. Alexander fährt mit dem Bus nach Ebingen, wo er ins Gymnasium geht. Daniel hat es nicht so gut wie sein Bruder, er muss zu Fuß zur Grundschule gehen. Manchmal fährt er auch mit dem Fahrrad. Das sieht Mutter allerdings nicht gern. »Es passieren so viele Unfälle«, sagt sie oft. Doch Daniel fährt vorsichtig. Deswegen kann er auch nicht Mitglied im Adler-Fahrrad-Club werden. Denn dazu muss man zuerst seine Adler-Tauglichkeit beweisen.

Das geht so vor sich: Sven, Dennis und Johannes, die Gründer des Clubs, stellen sich zusammen mit dem Kandidaten vor dem alten Schulhaus auf. Dennis gibt das Startzeichen. Dann treten alle vier kräftig in die Pedale und rasen die Wilhelmstraße hinunter. Ziel ist das Stoppschild vor der Kreuzung. Wenn der Kandidat das Stoppschild vor einem der drei Clubgründer erreicht, dann ist er Adler-Fahrrad-Club-Mitglied. Doch das ist nicht leicht, denn Sven, Dennis

und Johannes strampeln wie verrückt und bremsen erst kurz vor dem Stoppschild ab. Dabei kommt es vor, dass sie bis in die Kreuzung hineinschlittern.
Einmal musste ein Autofahrer so stark bremsen, dass die Reifen quietschten. Kaum stand das Auto, riss der Mann die Tür auf, sprang heraus und erwischte Johannes gerade noch am Arm. Er schüttelte ihn so fest und so lange, dass die anderen dachten, gleich müsse Johannes' Kopf herunterfallen. Daniel fuhr bei seiner Prüfungsfahrt zwar so schnell wie die andern, aber er bremste viel früher als sie. Deshalb wurde er Letzter und nicht Clubmitglied, obwohl er das gern geworden wäre.

Jan wartet wie immer vor dem Lebensmittelladen. Daniel geht ein bisschen schneller.
»Frau Jerowska hat gestern getobt«, sagt Jan, als sie an dem Haus vorübergehen, in dem ihre Lehrerin wohnt.
»Warum?«
»Wegen René.«
Daniel guckt Jan von der Seite an. Im Grunde interessiert es ihn nicht, was gestern in der Schule los war. Aber er ist froh, dass Jan

nicht von Oma oder vom Sterben redet. Er hat Angst, dass andere in der Klasse davon reden und ihn fragen werden, wie alles war.
»René hat sich mal wieder über Franziskas Zöpfe lustig gemacht und zu ihr gesagt, sie sei eine Schande für die ganze Klasse. Das hat die Jerowska gehört. Du kannst dir nicht vorstellen, wie die gebrüllt hat; das kannst du nicht.«
Eine brüllende Frau Jerowska kann sich Daniel tatsächlich nicht vorstellen. Denn wenn sie mal böse ist, ist sie es sehr leise. Aber meistens ist sie freundlich. Sie lacht viel und schimpft nicht gleich wie andere Lehrer, wenn man mal etwas nicht sofort kapiert. Doch ihre lustigen Augen mag Daniel besonders. Manchmal schaut er sie so lange an, bis er nicht mehr hört, was sie erzählt oder erklärt.
»›Wenn hier jemand eine Schande für unsere Klasse ist‹, hat sie René angebrüllt, ›dann bist du es.‹ Dem René sind die Tränen gekommen, aber Frau Jerowska hat nicht aufgehört. ›Ich merke schon seit einiger Zeit, dass du und ein paar andere die Franziska ärgern und auslachen, nur weil sie Zöpfe hat und anders angezogen ist als ihr. Wisst ihr, wie ich das finde? Dumm und hundsge-

mein!«‹ Jans Stimme ist beim Erzählen lauter geworden.

»Schrei doch nicht so«, sagt Daniel und hält sich das rechte Ohr zu.

»Ich bin gespannt, wie sie heute ist«, sagt Jan.

»Aber die Franziska sieht wirklich ein bisschen komisch aus. Und sie ist so ... so ... so komisch halt«, meint Daniel.

Jan sagt nichts. Er will nicht über Franziska reden. Daniel und er haben ihr mal während einer Sachkundestunde einen Streich gespielt. Frau Jerowska wollte den Schülern erklären, warum gasgefüllte Luftballons steigen, luftgefüllte jedoch nicht. Jan und Daniel banden heimlich je zwei gasgefüllte Ballons an Franziskas Zöpfe und ließen sie gleichzeitig los. Sekunden später saß Franziska mit fliegenden Zöpfen da. Um sie herum begann ein Kichern und Zischeln. Und bevor sie richtig begriff, was geschehen war, lachte die ganze Klasse. Nur Frau Jerowska lachte nicht. Sie stand vorne an der Tafel und schüttelte den Kopf. Keinen Ton sagte sie. Aber die zusammengekniffenen Lippen, ihr Blick und das sehr langsame Hin- und Herbewegen des Kopfes sagten alles.

Jan und Daniel versuchten die Bindfäden

wieder von Franziskas Zöpfen zu lösen, schafften es jedoch nicht sofort. Sei verhedderten sich. Und während sie sich vergeblich abmühten, war es schrecklich still. Den beiden wurde es heiß und heißer, ihr Köpfe röteten sich. Als sie es endlich geschafft hatten, drehte sich Frau Jerowska einfach um und schrieb den angefangenen Merksatz an der Tafel zu Ende.

Daran muss Daniel jetzt denken. Und Jan auch. Deshalb reden sie lieber nicht mehr von Franziska.

Auf dem Schulhof sind schon viele Kinder. Einige aus Daniels Klasse kommen sofort auf ihn zu.

»Los, erzähl mal!«, sagt René. »Wie wars? Hat deine Oma im Sarg noch aus der Nase geblutet? Das gibts. Letzte Woche habe ich so was in einem Film gesehen«, erklärt er laut.

»War sie schon richtig steif?«, will Johannes wissen.

»Hast du sie noch angefasst, als sie schon tot war?«, fragt Sabine leise.

Alle reden fast gleichzeitig.

Daniel hält sich die Ohren zu und läuft weg. Er versteckt sich auf der Toilette, bis der Unterricht beginnt.

9

Daniel ist froh, als der Gong die letzte Schulstunde beendet. »Heute hätte ich genauso gut zu Hause bleiben können«, sagt er zu Jan. »Ich habe überhaupt nichts verstanden.«
»Ich auch nicht, und meine Oma ist nicht gestorben.«
Daniel schaut Jan von der Seite an.
»Ist mir nur so rausgerutscht«, entschuldigt sich Jan.
»Weißt du, was du bist . . .«
»Jetzt komm, sei doch nicht so empfindlich«, unterbricht Jan seinen Freund. »Ich habs nicht so gemeint.«
»Du bist doof und hast keine Ahnung!«, brummt Daniel.
»Und du tust gerade so, als sei es etwas Besonderes, dass deine Oma gestorben ist. Meine ist schon vor zwei Jahren gestorben. Aber so ein Theater wie du habe ich deswegen nicht gemacht.«
Bevor Daniel etwas sagen oder tun kann, kommen Johannes, Volker und René.
»Was macht ihr heute Nachmittag?«, fragt

Johannes. »Kommt ihr mit zum alten Weiher? Wir wollen Kröten fangen.«
»Klar!«, ruft Jan. »Ich komme mit.«
»Und du?«
Daniel antwortet nicht. Er läuft einfach davon.
»He, spinnst du?«, ruft Johannes.
Aber Daniel hört nichts mehr. Er läuft so schnell er kann nach Hause.
»Gut, dass du kommst«, sagt Mutter, als sie ihm die Tür öffnet. »Ich habe keine Eier mehr . . .«
»Mama«, unterbricht Daniel sie, »ich muss dich etwas fragen . . .«
»Nachher, Daniel. Jetzt hab ich keine Zeit.« Sie hält Daniel die Einkaufstasche hin und drückt ihm fünf Mark in die Hand. »Lauf bitte schnell zum Laden rüber und hol mir sechs Eier.«
Daniel lässt seinen Schulranzen fallen, nimmt die Einkaufstasche, dreht sich um und geht.
»Du kannst auch noch ein halbes Pfund Butter mitbringen!«, ruft sie ihm nach. »Und beeil dich!«
Da rast Daniel auf einmal los, als wäre der Teufel hinter ihm her. Eier, Butter, Kröten, schießt es ihm durch den Kopf. Eier, Butter,

Kröten! Er sieht viele Eier vor sich, aus denen Kröten schlüpfen. Lauter dicke, quakende Kröten.

Als Daniel die Straße überquert, wird er plötzlich von einem schrillen Hupen aus seinen Gedanken gerissen. Beinahe wäre er vor ein Auto gelaufen.

Der Fahrer schimpft zum Fenster heraus: »Kannst du nicht aufpassen, Kerl! Wozu hast denn du Augen im Kopf! Also nein, so etwas. Läuft mitten auf der Straße herum wie ein Nachtwandler!«

Daniel steht neben dem Auto und sieht den Mann an.

»He, du träumst ja immer noch! Dir sollte man den Hintern versohlen, aber richtig!« Er schüttelt den Kopf, gibt Gas und fährt weg.

Daniel geht langsam weiter. Das Geschäft ist gleich um die Ecke. Mutter kauft gern dort ein. »Der Laden sieht noch fast genauso aus wie damals, als ich ein Kind war«, sagt sie manchmal. »Nur stehen heute noch mehr Sachen drin als früher. Es ist kaum zu glauben, was man bei der Halden-Emma alles bekommt.«

Daniel kauft nicht gern bei ihr ein. Die Halden-Emma, wie sie im ganzen Dorf genannt

wird, redet sehr laut und sehr viel. Besonders wenn ältere Frauen im Laden sind. Dann kann es auch vorkommen, dass er ziemlich lange warten muss, bis er bedient wird.
Daniel sieht schon durch das kleine Schaufenster, dass die alte Sedelberger im Laden steht. Auch das noch, denkt er. Ausgerechnet die! Am liebsten würde er wieder umdrehen. Doch dann gäbe es zu Hause ein Donnerwetter. Also geht er hinein.
Kaum hat Daniel die Ladentür hinter sich zugedrückt, da unterbricht die Halden-Emma das Gespräch mit der Sedelberger und wendet sich ihm zu. »Na, Daniel, was möchtest du denn?«, fragt sie freundlich.
Daniel ist so überrascht, dass er gar nicht sofort sagen kann, was er will.
»Hast dus vergessen?«
»Sechs Eier.« Mehr kann er im Augenblick nicht sagen.
»Sechs Eier«, wiederholt die Halden-Emma. Und während sie die Eier in eine kleine Eierschachtel stellt, sagt sie halb zu der Sedelberger, halb zu sich selbst: »'s ist kein Wunder, wenn er durcheinander ist. Für so einen Buben ist das halt alles ein bisschen viel.«

»Jaja«, sagt die Sedelberger. »Und erst für seinen Opa.« Sie beugt sich ein wenig über den Ladentisch und spricht etwas leiser. »Ich bin ja gespannt, was sie mit ihm machen, seine Töchter.«
Die Halden-Emma tut so, als habe sie nichts gehört und gibt Daniel die Eier. »Möchtest du sonst noch was?«
»Nein.« Er legt die fünf Mark auf den Tisch.
»So, hier hast du noch Geld zurück.«
Daniel steckt es ein und will gehen.
»Warte mal.« Sie greift in eine Glasschale und holt einen Dauerlutscher heraus. »Der ist noch für dich.«
»Danke«, sagt Daniel und geht hinaus.

10

Am Nachmittag geht Daniel zu Opa. Er läutet lange an der Haustür. Als sich nichts rührt, läuft er ums Haus herum, zur Werkstatt. Drinnen hört er eine Bohrmaschine surren. Vorsichtig öffnet er die Tür.
Opa bemerkt Daniel nicht. Er steht vor der alten Werkbank und bohrt Löcher in ein Brett.
Es ist alles wie immer, denkt Daniel.
Opa schaltet die Bohrmaschine aus und greift nach einem Schraubenzieher. Da sieht er Daniel. »Wo kommst denn du auf einmal her?«
»Ich bin schon eine Weile hier.«
»Soso!« Er holt Schrauben aus einer der vielen Schubladen.
»Was machst du da?«, fragt Daniel.
»Das möchtest du gerne wissen, was?«
»Ja.«
»Rate mal!«
Daniel ist überrascht, dass Opa mit ihm spricht wie sonst auch. Er hat gedacht, Opa sei jetzt immer traurig. »Ich kann es nicht raten, ich sehe ja nur ein paar Bretter.«

»Dann will ich dir mal ein bisschen helfen.« Opa dreht Schrauben in die Bretter, während er redet. »Es ist für Tiere und wird dreistöckig.«
»Eine Hundehütte!«, ruft Daniel ohne zu überlegen.
»Hast du schon mal eine dreistöckige Hundehütte gesehen?«, fragt Opa.
Daniel schämt sich ein wenig für seine Antwort.
»Gesehen nicht, aber . . .« Er weiß nicht mehr weiter.
»Aber mir würdest du anscheinend zutrauen, dass ich eine baue. Danke für das Kompliment.«
Daniel versteht nicht ganz, wie Opa das meint.
»Dreistöckig«, wiederholt Opa, »für mehrere kleine Tiere. Na?«
Diesmal überlegt Daniel, bevor er antwortet. Er sieht sich die Bretter nochmals genau an; ebenso wie alles andere, was sonst noch auf der Werkbank herumliegt.
»Ich habs!«, sagt er, als er den Maschendraht entdeckt. »Du baust einen Kaninchenstall, stimmts?«
»Richtig, einen Kaninchenstall.«
»Aber du hast doch gar keine Kaninchen.«

»Noch nicht.« Opa zwinkert ihm zu. »Wie heißt das alte Sprichwort: Was nicht ist, kann ja noch werden.«
»Au, toll!«, ruft Daniel. »Kaninchen hab ich mir schon immer gewünscht. Ich möchte ein schwarzes mit weißen Flecken. Und es soll Schecki heißen. Das darf ich dann selbst füttern . . .« Plötzlich ist er still und sieht Opa mit großen Augen an.
»Was ist denn?«
Daniel bewegt sich nicht mehr.
»Was hast du denn?« Opas Stimme klingt jetzt besorgt. Statt eine Antwort zu geben fängt Daniel an zu weinen.
»Na, na, wer wird denn gleich weinen.« Opa setzt sich auf einen Holzklotz und zieht Daniel zu sich her. »Du meinst wohl, weil Oma gestorben ist, dürfen wir uns nicht mehr freuen und nicht mehr lachen?«
Daniel nickt.
»Jetzt hör mir mal gut zu, Daniel. Oma hat selbst gern gelacht. Und sie hat sich immer gefreut, wenn andere sich gefreut haben. ›Nur wer lachen und sich freuen kann, ist ein richtiger Mensch‹, hat sie oft gesagt. Es wäre schön, wenn sie noch bei uns sein und mit uns lachen könnte. Und wenn ich daran denke, werde ich traurig wie du. Aber

wenn wir jetzt immer traurig wären, wäre Oma es auch. Und das wollen wir doch nicht, oder?«
Daniel kann nur den Kopf schütteln.
»Na, siehst du!«
Opa gibt Daniel ein Taschentuch. »Wir dürfen uns auch weiterhin freuen ohne ein schlechtes Gewissen zu haben.«
Beide putzen sich kräftig die Nase.
»So, und jetzt muss ich weiterarbeiten, damit du bald dein geschecktes Kaninchen füttern und streicheln kannst.«
»Darf ich dir helfen?«, fragt Daniel leise.
Opa mag es normalerweise nicht, wenn andere ihm helfen wollen. Er arbeitet lieber allein. Und er sieht es auch nicht gern, wenn jemand sein Werkzeug benutzt. Doch diesmal sagt er nur: »Wenn du willst.«
»Was soll ich tun?«
Hätte jemand anders diese Frage gestellt, würde Opa ihm antworten: ›Wer nicht sieht, wo er Hand anlegen kann, der soll es lieber gleich bleiben lassen.‹ Opa hat in seinem Leben immer hart gearbeitet. Zuerst als Bauer, danach in einer Fabrik. Und weil er sich da wie eingesperrt fühlte, wurde er Zimmermann. Er ist noch heute sehr geschickt und fleißig. Deswegen kann er auch nicht

verstehen, wenn jemand nicht sieht, wo und wie er zugreifen soll.

»Du kannst von dem Draht siebzehn Stücke wie dieses hier abschneiden.« Er zeigt Daniel ein etwa zehn Zentimeter langes Drahtstück. »Nimm die Drahtschere dazu.«

Das würde Daniel gerne tun, aber er sieht nirgendwo eine. »Ich finde keine Drahtschere.«

»Was?« Opa dreht sich um, greift in einen Werkzeughaufen und hält wenig später eine Drahtschere in der Hand. »Hier ist sie doch.«

»Also Opa«, sagt Daniel, »wenn in meinem Zimmer so eine Unordnung wäre wie hier, dann würde Mama dauernd mit mir schimpfen.«

»Hier ist keine Unordnung, mein Junge, hier ist ein geordnetes Durcheinander. Das ist ein gewaltiger Unterschied.«

»Ja, aber . . .«

»Ich weiß, wo die Sachen liegen. Und du wirst es noch lernen. Das genügt. Die andern haben hier drin gar nichts zu suchen.«

Daniel freut sich über Opas Worte. Er ist sogar ein wenig stolz.

11

»Wo warst du denn so lange?« Mutters Stimme klingt besorgt und ein wenig vorwurfsvoll.
»Bei Opa.«
»Warum hast du Alexander nicht gesagt, dass du zu Opa gehst?«
»Er war ja nicht da.«
»Dann hättest du es auf einen Zettel schreiben können.«
Mutter schüttelt den Kopf. »Dass wir hier sitzen und uns Sorgen machen, daran hast du wohl nicht gedacht.«
Daniel schaut auf den Boden.
»Jetzt ist er ja da«, sagt Vater. Er deutet auf Daniels Platz. »Komm, setz dich her und iss. Du hast doch bestimmt Hunger.«
Daniel nickt und ist froh, dass Mutters Vorwurfsfragen damit überstanden sind. Manchmal ist es ganz gut, denkt er, wenn die Eltern nicht einer Meinung sind. Sonst würden jetzt beide an mir herummeckern.
»Was habt ihr gemacht?«, fragt Vater.
»Opa baut einen tollen Kaninchenstall und ich durfte ihm dabei helfen.«

Mutter verfehlt mit der Gabel ihren Mund und drückt das aufgespießte Stück Wurst gegen die Nase. »Was baut Opa?!«
»Einen Kaninchenstall«, wiederholt Daniel leise.
»Er wird doch nicht . . .« Mutter bricht den Satz ab.
»Warum soll er sich nicht ein paar Kaninchen anschaffen«, sagt Vater. »Wenn es ihm Spaß macht.«
»Und wenn er krank wird, wer kümmert sich dann um die Tiere?«
»Ich«, antwortet Daniel blitzschnell.
»Das ist nicht so einfach . . .«
»Was soll daran schwierig sein?«, entgegnet Vater. »Ich habe nach dem Krieg auch unsere Kaninchen versorgt. Und die sind alle schön fett geworden.«
»Damals waren auch andere Zeiten«, sagt Mutter.
»Aber Kaninchen fressen immer noch Grünzeug und Mohrrüben, soviel ich weiß.« Vater schmunzelt. »Oder muss man sie heute mit Schnitzel und Pommes frites füttern?«
Alexander und Daniel müssen lachen.
»Ach du«, sagt Mutter. Mehr kann sie nicht sagen; sie lächelt jetzt auch.
Damit ist die Stimmung wieder im Lot.

Nach ein paar Bissen fragt Daniel seine Mutter: »Warum hast du gesagt, ›wenn Opa krank wird‹? Opa ist doch gesund.«
Sie legt Messer und Gabel auf den Teller. »Weißt du, Daniel, Opa wird nächsten Monat dreiundsiebzig. In diesem Alter kann man schnell krank werden. Und so gesund, wie du denkst, ist Opa jetzt schon nicht mehr. Nur versucht er immer es zu verbergen.«
»Was hat er denn?«, möchte Daniel wissen.
»Er ist zum Beispiel schon jahrelang zuckerkrank. Und du hast sicher auch schon bemerkt, dass er seit einiger Zeit sein linkes Bein etwas nachzieht. Das liegt an einer alten Verletzung aus dem Krieg, die ihm jetzt mehr zu schaffen macht als früher. Schmerzen hatte er in dem Bein schon lange. Ob sie stark oder weniger stark waren, haben wir immer an seiner Laune gemerkt. Wenn ihn die Fliegen an der Wand störten und er an allem herummeckerte, dann waren die Schmerzen besonders stark.«
»Hast du auch ab und zu Schmerzen im Bein?«, fragt Alexander und kann sich dabei kaum das Lachen verkneifen.
»Nein, warum?«, fragt Mutter zurück.

»Weil du manchmal wie Opa an allem herummeckerst.«
»Na, hör mal!«, entgegnet Mutter.
»Das hat gesessen.« Vater grinst.
»Es stimmt auch«, sagt Daniel laut.
»Drei gegen eine, das ist unfair.« Mutter hebt die Hände wie die Gefangenen in Filmen. »Habe ich wenigstens noch das Recht, mich zu verteidigen?«
»Darüber müssen wir erst beraten«, antwortet Alexander mit verstellter Stimme.
Er, Daniel und Vater stecken die Köpfe zusammen und tuscheln.
Komisch, denkt Daniel, als ich vor einer Viertelstunde hereinkam, hat es beinahe Streit gegeben. Jetzt ist daraus ein Spiel geworden. Und vorgestern war es gerade umgekehrt. Da soll sich noch einer auskennen.
»Du darfst dich verteidigen«, sagt Alexander.
»Ich gebe zu«, beginnt Mutter ihre Verteidigung, »dass ich in letzter Zeit ein wenig nervös bin und schneller als sonst losschimpfe. Ich glaube, das hat mehrere Gründe. Vor zwei Wochen ist eure Oma gestorben. Ich habe mich mein ganzes Leben lang gut mit ihr verstanden. Wahrscheinlich besser

als viele Töchter mit ihren Müttern. Ich kann es noch immer nicht richtig glauben, dass sie tot sein soll. Dazu kommt der Streit mit Tante Gerlinde seit Omas Beerdigung.«
»Die hat es gerade nötig«, sagt Alexander.
»Und Tante Dora macht mir jetzt auch noch Vorwürfe, weil wir Opa nicht zu uns ins Haus nehmen. Ich habe euch schon einmal erklärt, warum ich vorläufig nicht dafür bin, dass Opa zu uns zieht. Aber ich mache mir Sorgen um ihn und weiß immer weniger, was besser ist – für Opa und für uns.«
Alexander und Daniel sitzen ein wenig ratlos zwischen ihren Eltern. Ist das jetzt noch ein Spiel, fragt sich Daniel.
Mutter nimmt ihm die Antwort ab. »Ich habe das alles nicht gesagt, um freigesprochen zu werden; ich bitte nur um mildernde Umstände.«
Vater räuspert sich. »Dann müssen wir uns jetzt wohl zur Beratung zurückziehen.« Er steht auf und verlässt den Raum. Alexander und Daniel ebenfalls. Wenig später kommen sie mit ernsten Gesichtern zurück. Sie setzen sich wieder auf ihre Plätze.
Alexander klopft mit einem Messer auf den Tisch wie ein Richter. Dann schielt er auf den Zettel, der vor ihm liegt. »Das Urteil

lautet: Du hast das Recht, diesen und nächsten Monat jeden Tag einmal aus der Haut zu fahren, ohne dass wir es dir übelnehmen dürfen. Passiert es zweimal, findet noch am selben Tag eine Verhandlung statt, an der alle hier Anwesenden teilnehmen müssen. Am letzten Tag des nächsten Monats wird darüber beraten, ob die Frist verlängert werden soll oder ob vielleicht andere Maßnahmen notwendig sind.« Alexander hebt den Kopf. »Nimmst du das Urteil an?«
Mutter beugt sich über den Tisch und drückt als Antwort jedem einen dicken Kuss auf die Backe.

12

Daniel und Alexander sitzen über den Hausaufgaben. Von der Straße her dringen Kinderstimmen ins Zimmer. Daniel schaut zur Uhr. Es ist kurz vor drei! Um drei wollte er sich mit Jan vor dem Lebensmittelladen treffen.
Er stöhnt laut und bläst sich die Haare aus der Stirn.
»Du brauchst gar nicht so übertrieben zu stöhnen«, sagt Alexander ohne von seinem Heft aufzusehen. »Ich helfe dir heute nicht.«
»Nur bei einer Aufgabe«, bittet Daniel.
»Nein.«
»Warum denn nicht?«
»Ich will nicht. Du sitzt jedes Mal da und wartest, bis ich deine Aufgaben rechne. Das wird mir langsam zu dumm. Ich muss selber genug büffeln.«
»Mensch, Alex . . .«
»Lass mich in Ruhe!«
Daniel merkt, dass heute mit seinem Bruder nicht zu reden ist. Er rechnet noch ein paar Minuten an der Aufgabe herum, kommt aber

zu keinem Ergebnis. Dann klappt er das Mathebuch laut zu.
»Bist du fertig?«, fragt Alexander.
»Nicht ganz.«
»Du darfst aber erst gehen, wenn du fertig bist, hat Mama gesagt.«
»Ich kann die Aufgabe allein nicht rechnen und du hilfst mir ja nicht«, meckert Daniel.
»Komm jetzt bloß nicht auf diese Tour!«
»Stimmt doch.«
»Verschwinde, sonst werde ich noch wütend!«
Daniel tippt sich mit dem Finger an die Stirn und läuft schnell hinaus.
»Wo steckst du denn so lange?«, ruft Jan, als Daniel auf dem Fahrrad angesaust kommt.
»Es ist schon zehn Minuten nach drei!«
Daniel muss zuerst ein paar Mal tief Luft holen, bevor er antworten kann. »Ich habe bis eben Hausaufgaben gemacht...«
»Selber schuld.«
»Wieso? Hast du sie nicht gemacht?«, fragt Daniel.
»Seh ich so doof aus?«
»Ja... aber morgen...«
»Ich schreib sie von dir ab, dann hab ich sie auch«, sagt Jan.
Daniel ärgert sich. Er hat immerhin eine

gute Stunde gerechnet. In dieser Zeit ist Jan bestimmt mit dem Rad durch die Gegend gefahren oder hat sonst etwas getan, was ihm Spaß gemacht hat. Und nun will er die Aufgaben einfach abschreiben.
»Ich bin aber noch gar nicht fertig«, sagt Daniel gereizt.
»Dann geh ich zu Axel oder Petra; die haben die Hausaufgaben immer.«
»Das finde ich nicht richtig.« Daniel möchte noch mehr sagen. Doch er hat Angst, dass Jan dann einfach auf sein Rad steigen und davonfahren könnte.
»Ach, komm.« Jan winkt mit der Hand ab. »Ich hab keine Lust, noch länger über die blöden Hausaufgaben zu quatschen.« Er setzt sich auf den Gepäckträger seines Rades. »Was machen wir jetzt?«
Daniel zieht die Schultern hoch.
In diesem Augenblick kommt die Sedelberger aus dem Laden. »Müsst ihr eigentlich immer den ganzen Gehweg mit euren Fahrrädern versperren!«, schimpft sie, obwohl sie gut an den beiden vorbeigehen könnte. »Nichts als ärgern muss man sich.«
Daniel stellt sein Rad noch etwas weiter zur Seite. Jan bleibt auf dem Gepäckträger sitzen und rührt sich nicht. »Hast du nicht

gehört?« Die Sedelberger macht zwei, drei Schritte auf Jan zu. »Du sollst den Gehweg frei machen!«

Ohne abzusteigen, ruckelt er ein paar Zentimeter. Dabei murmelt er etwas vor sich hin, was alte Meckerziege oder so ähnlich heißen könnte.

»Was hast du gesagt?« Zum Glück hört die Sedelberger nicht mehr besonders gut. »Du bist ein ganz freches Bürschchen, das weiß ich schon lange. Aber bei dir wundert es mich überhaupt nicht. Dein Vater war als Bub schon der größte Flegel im Dorf, wie soll da aus dir etwas Anständiges werden.«

Als sie vorbei ist, streckt Jan die Zunge raus und zeigt ihr eine lange Nase. »Die sollte man auf den Mond schießen, diese alte Schachtel!«

Daniel muss daran denken, was Oma oft gesagt hat: ›Ich möchte mit niemandem Streit, genau wie die meisten Leute im Dorf. Deswegen mache ich um die Sedelberger Maria immer einen großen Bogen. Denn die ist nicht nur eine Klatschbase, die hat mit ihrem bösen Mundwerk schon viel Unfrieden zwischen den Leuten gestiftet. Und Opa wäre einmal beinahe mit ihr vor Gericht gegangen, weil sie im Dorf herumerzählte, er habe gar keine Verletzung aus dem Krieg; er sage das nur, damit er vom Staat Geld bekomme.‹

»He, träumst du!« Jan tritt mit dem Fuß gegen Daniels Rad. »Sollen wir zum Alten Weiher fahren?«

»Keine Lust.«

»Dann mach du doch einen besseren Vorschlag!«

»Wir könnten zu mir fahren und an der Windmühle weiterbauen«, sagt Daniel.

»Das ist doch langweilig«, brummt Jan.

»Gestern war es doch auch nicht langweilig.« Daniel spürt, wie eine Wut in ihm wächst.

»Gestern hat es ja auch geregnet, aber heute scheint die Sonne.«

»Das sehe ich selber!«

Die beiden würden sich wahrscheinlich in einen Streit hineinreden, wenn nicht in diesem Augenblick ein Junge auf einem Fahrrad angerast käme.

»He, sieh mal!«, ruft Jan. »Der fährt ja wie verrückt.«

»Wenn der nicht bremst . . .« Weiter kommt Daniel nicht mehr.

Der Junge fährt zu schnell in die Kurve und stürzt auf die Gegenfahrbahn. Zum Glück

kommt gerade kein Auto. So schnell wie er gestürzt ist, so schnell steht er auch wieder auf. Er fasst sich kurz ans Knie, schnappt mit der anderen Hand sein Rad, springt hinauf und fährt weiter.
Plötzlich hören Jan und Daniel Rufe. Sie drehen sich um und sehen vier oder fünf Jungs auf Fahrrädern die Straße herunterjagen. Alle sind dicht hintereinander, an der Spitze Johannes.
»Festhalten . . . gestohlen . . . Dieb . . .«
Mehr verstehen Jan und Daniel nicht. Doch das genügt.
»Los, hinterher!« Jan schwingt sich auf sein Rad und nimmt die Verfolgung auf. Daniel ebenfalls.
Bis die beiden richtig in Fahrt gekommen sind, haben die andern sie eingeholt.
»Schneller!«, ruft Johannes im Vorbeifahren.
Hinter Johannes erkennt Daniel noch Sven, Dennis, Volker und René. Er selbst ist jetzt Letzter. Aber die Wut im Bauch lässt seine Beine wie von selbst strampeln. Und während sie die Häuser des Ortes hinter sich lassen, überholt Daniel fast mühelos zuerst Jan, dann René.
Der Junge, den sie verfolgen, fährt in Rich-

tung Sigmaringen und hat noch etwa fünfzig Meter Vorsprung.

Daniel überholt auch Volker, Dennis und Sven. Als er zu Johannes aufschließt, wirft der ihm einen kurzen Blick zu und tritt noch kräftiger in die Pedale. Schließlich ist er der Boss des Adler-Fahrrad-Clubs. Da kann doch nicht irgendjemand kommen und ihn so einfach abhängen. Noch dazu, wo der nicht einmal Mitglied im Club ist.

Die beiden vergessen ganz, dass sie hinter einem Jungen her sind und kein Rennen veranstalten. Sie fahren dicht nebeneinander und hören das keuchende Atmen des andern.

Daniel spürt seine Beine überhaupt nicht mehr und auch sonst fühlt er sich wie ausgepresst. Er ist wütend wegen Alexander und wegen Jan und er will Johannes und den andern unbedingt zeigen, dass er zu Unrecht nicht Mitglied im Adler-Fahrrad-Club werden durfte.

Zentimeter um Zentimeter schiebt sich Daniel an Johannes vorbei. Als er eine Radlänge Vorsprung hat, gibt Johannes auf. Er ist völlig ausgepumpt und fällt schnell zurück.

Daniel blickt sich kurz um und sieht, dass er

einen schönen Vorsprung herausgefahren hat. Gleichzeitig ist der Abstand zu dem vor ihm fahrenden Jungen durch den Kampf mit Johannes immer kleiner geworden. Nur noch wenige Meter trennen die beiden.
Plötzlich hört Daniel auf zu treten. Er lässt sein Rad ausrollen und schlingert ein wenig über die Straße. Jan, Dennis und die andern kommen schnell näher. Sie müssen bremsen, weil Daniel unberechenbare Schlenker fährt und auf der Gegenfahrbahn ein Auto angebraust kommt. Volker und Johannes stürzen beinahe.
»Spinnst du?!«, ruft Volker.
»Jetzt ist er weg!« Dennis hält an, wirft sein Rad neben der Straße ins Gras, setzt sich daneben und atmet schwer.
Die andern machen es ebenso.
»Was war denn los mit dir?«, fragt Jan ärgerlich, als er wieder Luft zum Reden hat. »Wir hatten ihn doch fast!«
Daniel antwortet nicht. Was sollte er auch antworten? Dass er ihnen nur beweisen wollte, wie gut er Rad fahren kann? Dass er den Jungen gar nicht einholen wollte und sogar Mitleid mit ihm bekam? Dass er plötzlich Angst in sich aufsteigen spürte, als er ihn keuchen hörte? Wenn er das

zugäbe, würden sie ihn beschimpfen und auslachen.
»He, was ist?« Jan sieht Daniel an.
»Ich hab Seitenstechen bekommen und konnte nicht mehr«, schwindelt Daniel.
»So ein Mist!« René schlägt mit der Faust enttäuscht auf den Boden.
»Was hat er überhaupt geklaut?«, will Jan wissen.
»Meinen neuen Rückspiegel«, jammert Dennis. »Der hat sechs Mark gekostet.«
»Geh doch zur Polizei«, schlägt Volker vor.
»Die haben Wichtigeres zu tun, als einen Rückspiegel zu suchen«, sagt Sven.
»Aber es ist doch Diebstahl, da müssen sie doch etwas tun.«
René stimmt Volker zu.
»Ich fahr jetzt nach Hause«, sagt Johannes auf einmal und steht auf.
»Wieso, was hast du denn?«
»Nichts.« Johannes setzt sich auf sein Rad. »Ich muss meiner Mutter noch im Garten helfen.« Schon fährt er davon.
»Was ist denn mit dem los?«, fragt Volker erstaunt.
»Der ist manchmal ein bisschen komisch«, erklärt Sven. »Das ist nichts Besonderes.«
Daniel hat Johannes die ganze Zeit aus den

Augenwinkeln heraus beobachtet. Ich weiß genau, warum der so schnell nach Hause will, denkt er. Der hat nicht gedacht, dass einer schneller fahren kann als er. Aber dem hab ichs gezeigt, diesem Angeber!

13

Nach dem Abendessen sagt Mutter plötzlich: »Wisst ihr was? Ich hätte große Lust, noch einen kleinen Spaziergang zu machen.« Sie sieht »ihre drei Männer« an. »Wer kommt mit?«
»Ich!«, ruft Daniel sofort.
»Das ist eine gute Idee«, stimmt Vater zu.
»Und was ist mit dir?«, fragt Mutter Alexander.
Der greift nach einem Buch. »Das muss ich morgen in der Bücherei abgeben und ich habe noch über siebzig Seiten zu lesen. Wenn ich jetzt mit euch gehe, werde ich damit nicht fertig.«
Wäre das Buch nicht, hätte Alexander eine andere Ausrede gefunden. Er hält nicht besonders viel von abendlichen Familienspaziergängen. Lieber setzt er sich in eine Ecke und liest oder hört Musik.
»Ein bisschen frische Luft würde dir aber bestimmt gut tun«, versucht es Mutter noch einmal.
»Lass ihn doch«, sagt Vater, »wenn er lieber hier bleiben will.«

Man sieht Mutter an, dass sie mit Vaters Worten nicht einverstanden ist. Aber sie sagt nichts mehr. Daniel läuft voraus und kickt im Garten einen Stein vor sich her.
»Wo bleibt Mama denn so lange?«
»Das kannst du dir doch denken.« Vater zwinkert mit einem Auge. »Sie wollte erst noch einen anderen Rock anziehen. Zu dem passt jetzt wahrscheinlich die Bluse nicht; also muss sie auch noch eine passende Bluse suchen. Und so etwas kann bei deiner Mutter ein Weilchen dauern.«
»Warum kann sie denn nicht so gehen, wie sie war?«, fragt Daniel.
»Das weiß der Himmel.«
»Du hast doch auch keine andere Hose angezogen.«
Vater lacht. »Das wäre mir viel zu umständlich.«
»Ich verstehe das nicht«, sagt Daniel, »warum Mama jeden Tag etwas anderes anziehen muss. Und jetzt auch noch zum Spazierengehen. Ich habe am liebsten diese Hose an, die ganze Woche.«
»Sie will eben schön sein.«
»Warum?«
»Warum will man wohl schön sein?«, fragt Vater zurück.

»Damit man anderen gefällt«, antwortet Daniel sofort.
»Richtig.«
»Ja... aber... wem will sie denn gefallen? Sie hat doch uns. Und mir gefällt sie auch so.« Daniel sieht seinen Vater genau an. »Gefällt sie dir nicht?«
»Natürlich gefällt sie mir.«
An Daniels Blick erkennt Vater, dass der mit seiner Antwort noch nicht zufrieden ist. »Weißt du, Daniel, warum Mama schön sein will, das ist ein bisschen kompliziert. Ich will versuchen es dir zu erklären. Sie freut sich zum Beispiel, wenn ihr jemand sagt, dass sie ein hübsches Kleid trägt. Ein Lob tut dir ja auch gut, oder nicht?«
Daniel nickt.
»Neulich hat eine Frau zu ihr gesagt: Was, Sie haben schon zwei so große Buben und sehen noch so jung aus! Wie machen Sie das bloß?«
Vater schaut zur Haustür; Mutter ist noch nicht zu sehen. »Da hättest du mal sehen sollen, wie Mama sich freute. Das hat ihr bestimmt mehr bedeutet als... als... ja, siehst du, mir fällt nicht einmal ein guter Vergleich ein. Aber ich glaube, du verstehst trotzdem, was ich meine.«

Wieder nickt Daniel nur. Er weiß gar nicht, worüber er mehr staunen soll, über das, was Vater von Mutter sagt, oder darüber, dass er ihm das so selbstverständlich erzählt – beinahe wie einem Erwachsenen.
»Doch für andere schön zu sein ist nur die eine Seite«, redet Vater weiter. »Mama will auch für sich selbst schön sein, sie will sich selbst auch gefallen. Das ist wahrscheinlich genauso wichtig. Wenn sie zum Beispiel hübsch angezogen vor dem Spiegel steht und sieht, dass sie gut ausschaut, dann gibt ihr das . . . ja, wie soll ich sagen . . . eine Menge Selbstvertrauen. Sie ist zufrieden und sicher ein wenig glücklich.« Vater sieht Daniel an. »Es ist gar nicht so leicht, das richtig auszudrücken, was?«
»Ein bisschen schwierig ist es schon«, gesteht Daniel. »Und ich verstehe immer noch nicht, warum sie zum Spazierengehen einen anderen Rock anziehen muss. Sie ist doch . . .«
»Pssst, sie kommt.«
»Was ist denn los mit euch, was habt ihr denn so geheimnisvoll getuschelt?«, möchte Mutter wissen.
Vater schmunzelt. »Wir haben uns nur ein wenig über Röcke, Blusen und Kleider unterhalten . . .«

»Hat er wieder über mich gelästert?«, fragt Mutter Daniel und deutet dabei auf Vater.
»Iiiich«, ruft der mit einer Unschuldsmiene, als könne er keiner Fliege etwas zuleide tun. »Das mache ich doch nie.«
»Nun sieh dir mal deinen Papa an! Der kann lügen ohne dabei rot zu werden.«
Jetzt müssen alle drei lachen.
Daniel mag es, wenn seine Eltern sich ein wenig kabbeln. Er muss dabei immer an das Sprichwort denken: Was sich liebt, das neckt sich.
»In welche Richtung gehen wir?«, fragt Vater, als sie vor dem Garten stehen.
»Das ist egal«, antwortet Mutter, »nur nicht ins Dorf. Ich möchte einfach raus in die Wiesen.«
Sie wählen den Weg, der am alten Sportplatz vorbei hinaus aus dem Dorf führt.
Als sie an einem der letzten Häuser vorbeigehen, sagt plötzlich jemand: »So, wollt ihr noch ein bisschen frische Luft schnappen?«
Es ist die Beck-Emma, die, wie meistens, am Fenster sitzt.
»Jaja«, antwortet Mutter. »Wenn man den ganzen Tag drinnen arbeitet, tut einem die frische Luft richtig gut.«
Die Beck-Emma nickt.

Kurze Zeit scheint es so, als wüsste niemand mehr etwas zu sagen.

»Bei deiner Mutter ging es ja recht schnell«, sagt die Beck-Emma dann. »Dabei war sie doch erst neunundsechzig. Und ich konnte nicht einmal zu ihrer Beerdigung kommen, so übel bin ich dran. Es ist schon ein Elend, dass es immer die Falschen trifft. Ich wäre gern für sie gegangen, das dürft ihr mir glauben.«

»So ist es halt«, sagt Mutter. »Daran können wir alle nichts ändern.«

Sie dreht sich ein wenig. »Ich wünsch dir gute Besserung – Adieu, bis zum nächsten Mal.«

Wieder nickt die Beck-Emma nur.

»Was meint die Frau denn mit ›gegangen‹?«, fragt Daniel.

»Weißt du, Daniel«, erklärt Mutter, »alte Leute reden zwar oft vom Sterben, aber die meisten benutzen das Wort nicht so gern. Genau wie die Beck-Emma. Sie wäre gern für Oma gestorben, weil sie sehr krank ist. Das meinte sie mit ›gegangen‹.«

»Warum wollen sie das Wort nicht sagen?«

»Bitte, Daniel, lass uns ein andermal darüber reden, ja?«

»Seht mal dort!« Vater deutet auf den Ha-

bicht, der langsam und gleichmäßig in der Luft kreist.
»Was macht der da?«, fragt Daniel.
»Er wartet auf seine Beute«, antwortet Vater. »Wenn wir Glück haben, können wir sehen, wie er sich herabstürzen lässt.«
»Der bewegt seine Flügel ja gar nicht und fliegt trotzdem«, wundert sich Daniel. »Wie macht er das?«
»Das hat etwas mit dem Wind zu tun, soviel ich weiß.«
»Aber es geht doch gar kein Wind.«
»Ich kann es dir leider nicht sagen, Daniel. Ich kenne mich da nicht so genau aus«, gesteht Vater.
Während sie noch zu dem kreisenden Habicht hinaufschauen, jagen plötzlich zwei Düsenjäger so niedrig über sie hinweg, dass alle drei automatisch die Köpfe einziehen und Daniel sich die Ohren zuhält.
»So eine Schweinerei!«, schimpft Vater und ballt die Faust. »Die dürfen garantiert nicht so nieder fliegen. Aber das kümmert die einen Dreck.«
Mutter schüttelt den Kopf. »Die können einen ja zu Tode erschrecken.«
Daniel blickt wieder nach oben. Der Habicht ist weg.

14

»Wir schauen noch bei Opa vorbei, wenn wir schon unterwegs sind«, sagt Mutter.
»Au, prima!«, ruft Daniel. »Dann kann ich Schecki noch gute Nacht sagen.«
Vater wirft einen Blick auf seine Uhr. »Wird es nicht zu spät?«
»Wir bleiben nicht lange«, beruhigt ihn Mutter. »Ich möchte nur sehen, ob alles in Ordnung ist.«
Dieses »ob alles in Ordnung ist« fühlt Daniel wie einen Nadelpikser. Warum Mama nur immer wieder davon redet, fragt er sich. Ob sie etwas weiß, was sie mir nicht sagen will?
Während Daniel noch nachdenkt und seine Eltern sich über einen von Vaters Arbeitskollegen unterhalten, kommt ihnen das Ehepaar Berger entgegen.
»So, seid ihr auch noch unterwegs?«, sagt Herr Berger. »Jaja, so einen schönen Abend muss man ausnützen. Wer weiß, wie das Wetter morgen ist, nicht wahr?«
Vater nickt nur.
»Wollt ihr noch einen Besuch beim Opa machen?«

Bevor jemand antworten kann, redet Frau Berger selbst weiter. »Es ist schön für den alten Mann, dass ihr ihn wenigstens noch besucht. Wo er jetzt ganz allein ist.«
»Das ist doch selbstverständlich«, sagt Mutter.
»Sag das nicht, Rosemarie. Heute ist ja überhaupt nichts mehr selbstverständlich. Ich kenne viele Leute, die sich nicht um ihre alten Eltern kümmern und sie lieber ins Altersheim abschieben.«
Daniel erschrickt. Immer wieder müssen sie von Altersheimen reden und vom Abschieben, denkt er.
Vater schaut so auf die Uhr, dass eigentlich jeder merken müsste, wie wenig ihn dieses Gerede interessiert. Nur Frau Berger merkt es anscheinend nicht. »Es ist schlimm, wenn den Männern die Frauen wegsterben. Die allermeisten wissen sich doch nicht zu helfen. Deswegen sage ich immer, die Männer sollten besser zuerst sterben. Na, jetzt müsst ihr eben für ihn sorgen. Und du musst jetzt besonders brav und lieb zu deinem Opa sein«, sagt sie zu Daniel.
Blöde Kuh, denkt er.
Du brauchst mir nicht zu sagen, was ich tun muss.

»Unser Daniel weiß recht gut, was er tun muss«, sagt Mutter.
»So.« Das ist alles, was Frau Berger darauf sagen kann.
»Also dann«, Herr Berger hebt kurz die Hand zum Gruß, »einen schönen Abend noch.«
»Danke, ebenfalls.«
Als sie kaum zehn Meter entfernt sind, sagt Daniel: »Das war Spitze, Mama.«
»Pssst.« Sie legt den Finger auf den Mund. »Vielleicht können sie uns noch hören.«
Vater dreht sich kurz um. »Und wennschon. Daniel hat doch Recht. Diese dumme Klatschbase hat den ganzen Tag nichts anderes zu tun, als über die Leute zu reden und herzuziehen. Die Männer sollten besser zuerst sterben«, äfft er sie nach. »Dem Berger kann man bloß wünschen, dass sie vor ihm stirbt, damit er wenigstens noch ein paar schöne Jahre hat in seinem Leben.«
»Reg dich doch nicht so auf wegen der.«
»Da soll man sich nicht aufregen«, sagt Vater ruhiger. »Im ganzen Dorf gibt es niemand, den die nicht schon durch den Dreck gezogen hat. Auch uns. Aber dann so freundlich tun. Die soll lieber vor ihrer eigenen Tür kehren, da liegt genug Dreck.«
Daniel schaut zu seinem Vater hoch. Er war-

tet noch ein paar Schritte, dann fragt er: »Was hat sie denn über uns schon erzählt?«
Die Eltern sehen sich einen Augenblick lang an.
»Allerhand«, antwortet Vater. »Warum fragst du das überhaupt?«
»Weil ich es wissen möchte.«
»Das ist eine klare Antwort.«
Daniel versteht nicht ganz, wie Vater das meint.
»Und warum möchtest du es wissen?«, fragt Mutter.
»Einfach so.«
»Noch so eine tolle Antwort«, sagt Vater.
»Was soll ich denn sonst sagen«, ruft Daniel ein wenig trotzig. »Ich möchte es einfach wissen, das ist alles. Aber bei euch muss man immer alles erklären können. Ihr fragt so lange, bis man euch zum Schluss anlügt, nur damit ihr endlich aufhört.«
»Entschuldige.«
Daniel kickt einen Stein vor sich her.
Weder Vater noch Mutter sagen ein Wort dazu.

Opa lehnt am Gartenzaun und redet mit Hilde Kniebel, einer Nachbarin.
»Guten Abend.«

»Guten Abend zusammen«, grüßt Hilde Kniebel freundlich. »Habt ihr noch einen Spaziergang gemacht? Jaja, das ist mehr wert, als immer in der Stube vor dem Fernseher zu sitzen.«

»Das haben wir uns auch gesagt«, nickt Mutter.

»Wo ist denn euer Großer?«

»Der wollte lieber zu Hause bleiben und ein Buch lesen. Du weißt ja, wie das ist: Je größer die Kinder werden, desto weniger wollen sie noch etwas zusammen mit den Eltern unternehmen.«

»Jaja, aus Kindern werden Leute; das ist der Lauf der Welt«, murmelt Hilde Kniebel.

»Und wir werden langsam alt dabei, nicht wahr?« Vater grinst.

Hilde Kniebel winkt ab. »Du machst Witze. Ihr seid doch nicht alt. Was soll dann ich erst sagen? Gegen mich bist du doch ein junger Hüpfer.«

Alle lachen.

»Ist doch so«, wiederholt Hilde Kniebel.

Sein Vater ein junger Hüpfer. Daniel schüttelt in Gedanken den Kopf. Er hat bisher immer gedacht, sein Vater sei alt. Über vierzig Jahre, wenn das nicht alt ist! Daniel konnte sich überhaupt nicht vorstellen, dass er auch einmal so alt werden sollte. Und nun sagt die Kniebel einfach, gegen sie sei Vater ein junger Hüpfer.

Daniel betrachtet Hilde Kniebel, während sie mit Vater spricht. Sie ist dunkel gekleidet, als ob sie um jemanden trauern würde. Aus den zu kurzen Ärmeln hängen zwei Hände, wie Daniel noch keine gesehen hat. Die Finger sind lang und dürr. So dürr, dass er ein wenig erschrickt, weil er glaubt die Knochen zu sehen. Und auf den blassen Handrücken sind komische dunkle Flecken, zwischen denen dicke Adern bläulich durch die Haut schimmern. Doch noch mehr beeindruckt ihn das Gesicht.

Es ist voller Runzeln, Falten und Fältchen. Sogar über die Nase ziehen sich welche. Wie ein kleines Gebirge, denkt er. Und Hilde Kniebel hat – Daniel geht einen Schritt auf sie zu, weil er es nicht glauben kann –, sie hat tatsächlich einen Bart! Nicht wie Vater oder Opa, nein. Es sind viele einzelne Härchen am Kinn und unter der Nase.

Plötzlich dreht Daniel den Kopf und sucht mit den Augen Mutters Gesicht ab. Gott sei Dank, sie hat keinen Bart. Er zupft sie am Ärmel und flüstert: »Wie alt ist denn die Frau?«

»Rate mal«, sagt Hilde Kniebel, die seine Frage gehört hat.

Daniel schaut verlegen von Mutter zu Vater und Opa.

»Zweiundachtzig werde ich nächsten Monat.«

Daniel steht mit offenem Mund da. Zweiundachtzig! Das ist ja doppelt so alt wie Papa und viel älter als Opa.

»Da staunst du, was?« Sie streicht Daniel kurz über den Kopf. Es ist ihm unangenehm, er gruselt sich fast ein bisschen. Doch er bleibt stehen und rührt sich nicht.

»Ich könnte dir noch viel erzählen, Kleiner. Aber ich muss jetzt heim.« Sie nickt Daniel freundlich zu und verabschiedet sich.

»Der Hilde sieht man ihre zweiundachtzig Jahre aber auch nicht an«, sagt Vater anerkennend, während er ihr nachschaut. »Die ist noch gut beieinander.«

»Sie redet nur etwas viel.« Opa dreht sich um und geht zu der alten Holzbank, die an der Hauswand steht. Daniel fällt auf, dass er dabei sein Bein mehr als sonst nachzieht.

»Opa, darf ich Schecki noch gute Nacht sagen?«

Opa nickt. »Du kannst nach hinten gehen, die Tür ist noch nicht abgeschlossen.«

Daniel läuft zu dem Geräteschuppen, in dem Opa und er den Kaninchenstall aufgestellt haben, und holt Schecki heraus. Er streichelt ihn lange und spricht leise mit ihm.
»So, jetzt muss ich gehen«, sagt Daniel schließlich. »Und du musst wieder in deinen Stall. Aber keine Angst, morgen komme ich wieder.« Er schließt den Schuppen ab und nimmt den Schlüssel mit. Gerade als er um die Ecke biegen will, hört er Mutter sagen: »Wir haben uns das gründlich überlegt, seit Wochen...«
Opa unterbricht sie. »Ich weiß gar nicht, was ihr alle wollt! Da gibt es nichts zu überlegen. Das ist mein Haus, hier bin ich geboren, hier lebe ich seit dreiundsiebzig Jahren und das werde ich auch weiterhin tun!«
»Denk doch mal an Daniel und Alexander. Die würden sich sehr freuen, wenn du zu uns ziehen würdest.« Mutter spricht ganz ruhig.
»Das glaube ich dir. Aber die beiden können jederzeit zu mir kommen, wenn sie Lust haben.«
»Es muss ja nicht heute oder morgen sein. Aber denk daran, Vater, du bist nicht mehr der Jüngste...«
»Hör jetzt endlich auf!«, sagt Opa unwirsch. »Ich will jetzt nichts mehr davon hören!«

Daniel freut sich und würde am liebsten gleichzeitig heulen. Dass seine Eltern Opa gebeten haben zu ihnen zu ziehen, freut ihn riesig. Er ist sicher, sie haben das vor allem für ihn getan. Und jetzt will Opa nicht. Daniel kann die Tränen nicht mehr zurückhalten. Ohne noch weiter zu überlegen läuft er zu seinem Opa.
»Bitte, bitte, Opa, komm doch zu uns!«
»Daniel«, sagt Mutter.
»Heul nicht, dazu gibt es überhaupt keinen Grund.«
Daniel erschrickt über Opas Stimme.

15

Daniel kann nicht einschlafen. Er wälzt sich in seinem Bett herum, dass es richtig knarrt.
»He, was ist denn?« Alexander knipst seine Leselampe an.
»Ich kann nicht schlafen.«
»Das merke ich. Und warum nicht?«
»Wegen Opa.«
»Was ist mit ihm?«
»Mama hat ihm gesagt, er soll zu uns ziehen und dass wir uns freuen würden. Aber Opa hat sich kein bisschen gefreut. Er hat Mama sogar angeschrien.« Daniel macht eine Pause. »Und zu mir war er auch gemein. Nicht richtig gemein«, verbessert er sich schnell, »er war . . . eben gar nicht so wie sonst.«
»Vielleicht hat er Schmerzen in seinem Bein oder es hat ihm etwas anderes wehgetan«, versucht Alexander Daniel zu beruhigen. »Das kommt bei alten Leuten öfter vor. Dann sind sie schnell auf hundertachtzig. Und Opa ist . . .«
Daniel schüttelt den Kopf. »Deswegen war es nicht, das weiß ich.«

»Weswegen meinst du denn?«
Daniel zieht die Schultern hoch.
»Vielleicht geht es ihm einfach auf die Nerven, dass alle etwas von ihm wollen und an ihm herumzerren, seit Oma gestorben ist«, sagt Alexander.
»Wie an ihm herumzerren?«, fragt Daniel.
»Nicht richtig zerren, natürlich. Ich meine, er hat doch gemerkt, dass Tante Gerlinde ihn am liebsten in ein Altersheim stecken würde. Wir möchten, dass er zu uns zieht. Und Tante Dora hat vielleicht noch etwas anderes mit Opa vor, was weiß ich.«
»Aber wir meinen es doch gut mit ihm.«
»Das glauben wir«, sagt Alexander. »Und woher wissen wir, ob es wirklich gut für Opa ist? Weißt du, was in ihm vorgeht? Oder wissen es Mama und Papa? Ich glaube nicht.«
Daniel hört seinem Bruder angestrengt zu, dann fragt er: »Was denkst du, was wir tun sollen?«
»Ich?« Alexander überlegt. »Ich denke, wir sollten Opa selbst entscheiden lassen, wo und wie er leben will.«
Daniel nickt.
»So, und jetzt lösche ich das Licht aus. Ich bin nämlich müde.«

Alexander schläft schnell ein. Daniel liegt noch wach. Er muss über das nachdenken, was Alexander gesagt hat.
Dass alle an Opa herumzerren, geht ihm nicht aus dem Kopf. Mit diesem Gedanken schläft er ein.
Daniel träumt. Er ist bei Opa. Der sitzt in seinem alten Sessel und streichelt ein Kaninchen, das auf seinem Schoß liegt. Plötzlich wird die Tür aufgestoßen und mehrere Männer drängen ins Zimmer. Alle sind ganz schwarz gekleidet und haben Kapuzen über die Köpfe gezogen. Blitzschnell legen sie Opa dicke Eisenketten um die Handgelenke. Er wehrt sich heftig, aber es ist zwecklos. Die Kapuzenmänner ziehen Opa hinter sich her. Daniel will ihm helfen. Er rennt und rennt, kommt aber nicht von der Stelle. Da dreht sich einer der Kapuzenmänner um, lacht schrecklich laut und nimmt die Kapuze ab: Tante Gerlinde!
»Hinaus mit ihm!«, brüllt sie.
Opa stemmt sich mit beiden Füßen dagegen.
»Los, zieht doch, ihr Schwächlinge!«
Daniel streckt die Hand aus, doch er kann seinen Opa nicht halten.
»Opa! Opa! Nein! Nein! Nein!!«
»Daniel. He, Daniel, wach auf!« Alexander

schüttelt seinen Bruder kräftig an den Schultern.

»Nein! Nein!«, ruft der und schlägt um sich, weil er Traum und Wirklichkeit noch nicht unterscheiden kann.

Alexander hält ihn fest. »Du sollst aufwachen! Hörst du nicht!«

Daniel öffnet die Augen und starrt Alexander an. Er braucht noch eine Weile, bis er begreift, dass es nicht Tante Gerlinde ist, die ihre Hände um seinen Hals gedrückt hat.

»Du hast geträumt«, sagt Alexander.

Auf einmal laufen Daniel Tränen über die Backen.

»Was ist denn los?« Mutter knipst das Licht an.

»Lass aus, bitte«, sagt Alexander.

»Was macht ihr denn für einen Krach mitten in der Nacht?«, fragt Mutter.

»Er hat schlecht geträumt.«

Mutter setzt sich zu Daniel aufs Bett. Der drückt sich fest an sie. »Mama, Mama, es war so schlimm.«

Sie nimmt ihn auf den Schoß, hält ihn fest und wiegt ihn sacht hin und her. Daniel wischt sich mit dem Handrücken über die Augen. Dann erzählt er alles. Mutter streicht ihm die ganze Zeit über den Kopf.

Als er fertig ist, sagt sie: »Das war ein schlimmer Traum, Daniel. Aber es war nur ein Traum. Niemand wird Opa wegbringen, wenn er nicht will. Nirgendwohin. Auch Tante Gerlinde nicht. Das verspreche ich dir.«
Sie bleibt noch eine Weile bei ihm sitzen ohne etwas zu sagen.
Alexander legt sich wieder ins Bett.
Mutter sieht Daniel an. »Geht es jetzt wieder?«
Er nickt.
»Du kannst ja das kleine Licht brennen lassen, wenn du willst. Und wenn etwas ist, brauchst du nur zu rufen. Ich lass die Tür offen.« Sie drückt Daniel einen Kuss auf die Stirn. »So, nun versucht beide wieder zu schlafen.«
Daniel liegt auf dem Rücken. Er möchte einschlafen und hat gleichzeitig Angst davor.

16

»... bis zu den neuesten Nachrichten spielen wir noch ein paar Takte Musik«, sagt plötzlich eine leise Radiostimme. Kaum hat sie ausgesprochen, ertönt die Schiwago-Melodie.
Alexander brummelt etwas ins Kissen und tastet an dem Radiowecker herum, bis er endlich den richtigen Schalter erwischt und alles wieder still ist. Dann schläft er weiter, genau wie Daniel.
Einige Minuten später steht Mutter im Zimmer. »He, ihr zwei! Was ist denn los mit euch?« Sie knipst das Licht an und klatscht in die Hände. »Raus aus den Federn, es ist höchste Zeit!«
Als Antwort hört sie nur Ächzen, Stöhnen und unverständliches Gemurmel. Beide werfen sich auf die andere Seite und ziehen sich ihre Bettdecke über den Kopf.
»Halt, so geht das nicht!« Mutter hält Alexanders Bettdecke hoch und kitzelt ihn an den Fußsohlen. Das wirkt immer. Er fährt auf, als stünde er in einem Ameisenhaufen.
»Du bist gemein«, muffelt er, »immer kitzelst

du mich. Wo du doch genau weißt, dass ich es nicht leiden kann.«
»Gerade deswegen.« Sie grinst.
Alexander ist noch viel zu müde um mit Mutter zu streiten. Er reibt sich die Augen und gähnt so kräftig, dass seine Backenknochen knacken.
»Soll ich dich auch aus dem Bett kitzeln?«, fragt Mutter Daniel.
Der rührt sich nicht. Warum auch? Er ist überhaupt nicht kitzelig, im Gegenteil. Er mag es, wenn Mutter vergeblich versucht ihn mit Kitzeln aus dem Bett oder zum Lachen zu bringen.
»Na komm, mein Kleiner; es ist höchste Zeit.«
Jetzt schlüpft Daniel sofort unter seiner Bettdecke hervor. »Ich bin nicht dein Kleiner«, wehrt er sich. »Ich heiße Daniel und werde bald zehn!« Er guckt Mutter ernst an.
»Entschuldige, Daniel.« Mutter kann sich kaum das Lachen verkneifen. »Das habe ich ganz vergessen. – So, nun beeilt euch aber. Hier hängt deine Hose; einen frischen Pulli habe ich dir auch dazugelegt. Dass du mir nicht wieder den alten anziehst, Daniel. Hast du gehört?«

»Jaja.« Er schlurft zur Toilette, doch die Tür ist abgeschlossen.
»Besetzt!«, ruft Vater kurz.
Auch das noch. Immer sitzt Papa morgens auf dem Klo, wenn ich muss, ärgert sich Daniel. Und bei dem dauert es eine Ewigkeit. Wahrscheinlich liest er wieder die halbe Zeitung.
Daniel hat ihn mal gefragt, ob ihn der Gestank nicht störe. »Das ist der einzige Platz im Haus, wo ich meine Ruhe habe«, hat Vater ihm geantwortet. Daniel hat den Kopf geschüttelt. Er sitzt nur auf dem Klo, solange er muss.
Jetzt will er ins Bad, aber da steht Alexander und putzt sich gerade die Zähne. »Ich in och icht ferti«, nuschelt er oder so ähnlich, den Mund voller Zahnpasta.
»Los, los, beeilt euch!«, ruft Mutter aus der Küche.
»Ihr könnt mich alle mal«, murmelt Daniel und schlurft zurück zu seinem Bett. Einen Augenblick lang überlegt er, ob es nicht besser wäre, er würde sich wieder hineinlegen und sich krank stellen. Wenn ein Tag schon so anfängt, kann ja nichts aus ihm werden. Aber dann zieht er sich doch an, weil er heute unbedingt noch zu Opa muss. In dem

frisch gewaschenen Pulli, den er sowieso noch nie mochte, fühlt er sich wie in einer Zwangsjacke.

»Der blöde Pulli wird bei jedem Waschen ein bisschen kleiner«, meckert Daniel, als er sich hinter den Frühstückstisch schiebt.

»Das bildest du dir nur ein.« Jetzt erst sieht Mutter, dass Daniels Haare noch genauso wild vom Kopf stehen wie vorhin im Bett. »Du hast dich ja noch gar nicht gekämmt.«

Er fährt sich mit der Hand über den Kopf. Vergeblich. So einfach lassen sich seine Haare nicht zähmen.

»Hast du dich überhaupt schon gewaschen?«

»Fast.«

»Was heißt fast?«, fragt Mutter.

»Ich wollte, aber Alex hat mich nicht gelassen.«

»Das wird ja immer schöner heute Morgen. Du gehst sofort ins Bad und wäscht dich anständig.« Sie schaut zur Uhr. »Ach nein, bleib sitzen und iss; jetzt ist es schon zu spät.«

Daniel strahlt. Vielleicht wird der Tag doch nicht ganz so schlecht.

»Alexander, wo steckst du denn?! In fünf Minuten fährt der Bus!« Etwas leiser sagt sie: »Ich werd noch mal verrückt am frühen Morgen.«

Alexander kommt seelenruhig ins Esszimmer, den Kopf hinter dem Chemiebuch versteckt.
»Nun trödel doch nicht so rum, du musst gleich los!«
»Die Uhr geht ja noch vor«, sagt er gelassen.
»Willst du es wieder auf die letzte Minute ankommen lassen?«
Statt zu antworten, beißt Alexander zweimal in ein Nutellabrot, dass fast nichts mehr davon übrig bleibt.
»Du sollst das Brot nicht so hinunterschlingen, das ist ungesund«, nörgelt Mutter.
»Soll ich mich nun beeilen oder nicht?« Alexander trinkt seine Tasse Kaba im Stehen leer und steckt das Chemiebuch in seine Schultasche.
»Jetzt weiß ich, warum Papa immer so lange auf dem Klo sitzt«, sagt Daniel auf einmal, »und warum Opa nicht zu uns ziehen will.«
Mutter bleibt stehen. »Wie meinst du das?«
»Papa will seine Ruhe haben und Opa auch. Aber du hast vorhin selbst gesagt, dass man hier verrückt wird.«
»Na, hör mal . . .«
»Dabei bist du die Einzige, die jeden Morgen durchs Haus rotiert«, unterstützt Alexander seinen Bruder.

»Weil ihr sonst alle zu spät kommen würdet«, verteidigt sich Mutter.
»Wir sind ja auch nicht zu spät gekommen, als du drei Wochen im Krankenhaus warst«, trumpft Alexander auf.
»Genau!«, ruft Daniel.
»Das . . . ja . . . du sollst hier nicht mehr rumstehen und lange Vorträge halten«, sagt Mutter ein bisschen lauter. »Der Bus wartet nicht extra auf dich.«
Alexander nimmt seine Tasche. Mit einem kurzen »Tschüs« geht er hinaus. Doch dann streckt er den Kopf noch einmal zur Tür herein. »Darüber solltest du mal in Ruhe nachdenken«, sagt er schnell und schon verschwindet der Kopf wieder.
»Alexander!«
In diesem Augenblick kommt Vater ins Esszimmer. »Was ist denn heute wieder los? Worüber sollst du in Ruhe nachdenken?«
»Ach nichts.« Sie wendet sich Daniel zu. »Bist du bald fertig?«
Er antwortet ihr nicht. Stattdessen sagt er zu Vater: »Sie soll darüber nachdenken, warum wir nie zu spät gekommen sind, solange sie im Krankenhaus war und warum du am Morgen immer so lange auf dem Klo sitzt und warum Opa nicht zu uns ziehen will und

warum man hier verrückt wird.« Daniel spricht so schnell, dass Vater Mühe hat, ihm zu folgen.
»Langsam, langsam.« Er setzt sich neben Daniel auf die Eckbank. »Das ist schon ein bisschen viel am frühen Morgen.«
»Aber es stimmt.«
»Was stimmt?«, fragt Vater.
»Dass Mama darüber nachdenken muss.«
»Nur sie?«
Mit dieser Frage hat Daniel nicht gerechnet.

17

Daniel schafft es gerade noch, vor Frau Jerowska durch die Tür ins Klassenzimmer zu witschen. Völlig außer Atem lässt er sich auf seinen Platz plumpsen.
»Wo warst du denn? Ich hab die ganze Zeit auf dich gewartet«, sagt Jan vorwurfsvoll. »Fast wäre ich wegen dir noch zu spät gekommen.«
»Wir haben verschlafen.«
Frau Jerowska klatscht in die Hände. »Könntet ihr eure Unterhaltung bitte in der Pause fortsetzen.« Sie schaut Daniel und Jan an.
Daniel spürt, wie er rot wird. Immer wenn sie ihn ermahnt oder wenn er etwas nicht weiß, bekommt er einen Feuerkopf.
»So«, sagt Frau Jerowska, nachdem alle ruhig sind und zu ihr nach vorne schauen, »dann wollen wir mal unsere Gehirnzellen ein wenig in Bewegung bringen. Wir fangen mit ganz leichten Aufgaben an.« Sie macht noch mal eine kurze Pause, dann fragt sie: »Wie viel ist drei mal sechs?«
Die meisten melden sich sofort. Einigen ist

die Aufgabe zu leicht. Deswegen melden sie sich nicht. Axel streckt auch nicht. Er tut so, als würde er an etwas ganz anderes denken. Aber in Wirklichkeit hofft er, dass Frau Jerowska ihn aufruft. Das macht er oft so.
»Johannes!«
»Achtzehn.«
»Richtig. Und vier mal sieben?« Sie wartet einen Moment. »Franziska!«
»Achtundzwanzig.«
Diese beiden Aufgaben hat Daniel auch gewusst. Doch als er bei der dritten und vierten wieder nicht drankommt, verliert er die Lust. Außerdem muss er an Opa denken und an Mutter. Manchmal ist sie prima und manchmal ist es richtig schlimm mit ihr, kaum zum Aushalten. Dann meckert sie an allem herum. Ob Opa das weiß, fragt er sich. Wahrscheinlich, Mama ist ja seine Tochter. Vielleicht hat Alex Recht, wenn er sagt, Opa müsse selbst entscheiden, wie und wo er leben will. Aber er ist doch schon alt und wenn er krank wird, dann kann er auch nicht mehr alles selber tun. Dann bringen sie ihn vielleicht doch in ein Altersheim.
In Daniels Kopf fliegen die Gedanken wild durcheinander. Die Traumbilder der vergangenen Nacht kommen langsam wieder

hervor. Dazwischen hört er wie von ferne die Stimmen von Frau Jerowska und seinen Mitschülern.

Mama hat versprochen, dass niemand Opa in ein Altersheim bringt. Aber allein kann er auch nicht bleiben. Wir dürfen ihn nicht allein lassen. Oma hat einmal gesagt, Opa ist wie ein großes Kind. Er meint, er kann alles allein. Dabei muss ich immer auf ihn aufpassen. Nur darf er es nicht merken, sonst wird er fuchsteufelswild.

Jetzt müssen wir eben auf ihn aufpassen und ihm helfen, dann kann er bestimmt zu Hause bleiben . . .

»Daniel!«

Jan gibt Daniel einen leichten Stoß mit dem Ellbogen. »Du bist dran«, zischelt er durch seine fast geschlossenen Lippen.

Vor lauter Schreck erhebt sich Daniel, obwohl sie das bei Frau Jerowska gar nicht müssen. Ein paar Schüler fangen an zu kichern.

Nur wenige Augenblicke steht er so zwischen den andern. Trotzdem kommt es ihm unheimlich lang vor. Und ihm wird heiß bis in den Kopf.

»Setz dich wieder hin, Daniel«, sagt Frau Jerowska und nickt ihm zu. »Jetzt kannst du uns sicher sagen, wie viel acht mal sieben ist.«

Acht mal sieben? Dutzende von Zahlen tanzen in Daniels Kopf herum. Vielleicht ist die richtige dabei. Er weiß es nicht. Dabei ist er sonst nicht so schlecht im Rechnen. Aber jetzt weiß er nichts mehr. In seinem Kopf scheint alles leer zu sein. Und dunkel.

»Sechsundfünfzig«, flüstert Jan hinter vorgehaltener Hand.

Daniel hört die Zahl zwar, trotzdem bringt er es nicht fertig, sie laut zu sagen. Er möchte nur noch weg sein, weit weg.

». . . hast du gehört, Daniel? Wenn dir nicht gut ist, kannst du nach Hause gehen.«

»Mir ist auch nicht gut«, ruft Volker und legt sein Gesicht gekonnt in Falten.

Frau Jerowska muss lachen, so Mitleid erregend sieht Volker aus. Wenn sie ihn nicht genau kennen würde, wäre sie bestimmt darauf hereingefallen. Sie hebt den Zeigefinger. Dann schaut sie wieder zu Daniel. »Na, wie ist es?«

Daniel schüttelt leicht den Kopf, ohne dabei Frau Jerowska richtig anzusehen.

»Du bist schön blöd«, flüstert jemand von hinten.

»Also gut, dann wollen wir jetzt weiterma-

chen. Nehmt euer Buch und schlagt die Seite dreiundfünfzig auf.« Sie wartet kurz. »René, das gilt auch für dich!«
René braucht meistens eine Extraeinladung, weil er oft gerade, wenn Frau Jerowska beginnen will, noch etwas »ganz Wichtiges« tun oder denken muss. Anfangs versuchte sie René das abzugewöhnen. Doch sie hat es längst wieder aufgegeben. Die Extraeinladung gehört inzwischen irgendwie dazu.
»So, jetzt versucht ihr einmal die erste Aufgabe auszurechnen. Aber jeder für sich, bitte, damit ich weiß, wie weit ihr seid.«
Daniel liest die Aufgabe drei-, viermal durch.
»Addieren und Multiplizieren von Kommazahlen.
1. In einem Karton sind sechs Gläser Marmelade. Jedes Glas wiegt 0,515 kg, der leere Karton wiegt 375 g! Berechne das Gesamtgewicht!« Die Wörter und Zahlen ergeben für Daniel keinen Sinn. Addieren und Multiplizieren? 0,515 kg, 375 g! Er weiß nicht mehr, was er gestern noch gewusst hat. Er schielt nicht einmal zu Jan hinüber. Wozu auch?
Als Frau Jerowska auf ihn zukommt, beugt sich Daniel tief über sein Heft. Sie bleibt

neben ihm stehen und drückt seinen Oberkörper ein wenig zurück. Bevor sie etwas sagen kann, tropft eine Träne auf das leere Blatt.
»Was ist denn?«, fragt sie leise.
Daniel reagiert nicht.
Sie legt ihm kurz die Hand auf die Schulter.
»Komm mal mit mir.«
Einen Augenblick zögert er, doch dann steht er auf und geht mit gesenktem Kopf hinter Frau Jerowska her. Niemand kichert oder macht eine dumme Bemerkung. Es ist stecknadelstill in der Klasse. Erst als Frau Jerowska die Tür hinter Daniel zugedrückt hat, wird es im Klassenzimmer laut. Johannes und René sind bis auf den Flur zu hören.
Frau Jerowska streckt Daniel ein Taschentuch hin. Er nimmt es, bringt ein schwaches »Danke« heraus und schneuzt sich kräftig.
»Möchtest du mir nicht sagen, was dich bedrückt?« Sie hockt sich nieder.
Er schaut auf seine Schuhspitzen.
»Willst du nach Hause gehen?«
Er zieht die Schultern hoch.
»Haben deine Eltern . . .«
Er schüttelt heftig den Kopf. »Nein, nein, sie haben Opa ja gesagt, dass er zu uns ziehen kann. Aber er will gar nicht. Und ich möchte

doch so gern, dass er bei uns wohnt.« Daniel redet immer schneller. »Ich will auch nicht an ihm herumzerren, er soll nur nicht allein sein oder in ein Altersheim. Alexander hat gesagt, wir müssen Opa selbst entscheiden lassen. Aber wenn er sich nun falsch entscheidet? Darum habe ich auch die Aufgabe vorhin nicht gewusst.« Tränen kullern über seine Backen, tropfen vor ihm auf den Boden.

Frau Jerowska nimmt Daniel in die Arme und drückt ihn an sich.

»Das ist doch nicht schlimm«, tröstet sie ihn, »wenn du mal eine Aufgabe nicht weißt. Wenn ich gerade so ein Problem hätte wie du, könnte ich auch nicht rechnen.« Sie schweigt, bis sie spürt, dass Daniel ruhiger wird. Dann lässt sie ihn los und sieht ihm in die Augen. Diesmal weicht er ihrem Blick nicht aus.

»Wenn ich dich recht verstehe, will dein Großvater weiter in seinem Haus wohnen. Aber du möchtest, dass er zu euch zieht, damit er nicht so allein ist.«

Daniel nickt.

»Weißt du, Daniel, ich bin gar nicht so sicher, ob dein Großvater in seinem Haus allein ist. Ich kenne ihn ein wenig und ich glaube, er ist ein Mensch, der eng mit den Dingen um ihn herum verbunden ist.« Sie sieht an Daniels Gesichtsausdruck, dass er nicht versteht, was sie meint.

»Das ist nicht ganz leicht zu erklären«, sagt sie und überlegt einen Moment. »Er wohnt – oder besser gesagt – er lebt seit vielen, vielen Jahren in dem Haus. In all den Jahren hat sich das Haus immer wieder verändert. Es wurde umgebaut, modernisiert, verschönert. Vieles hat dein Großvater selbst gemacht. Es ist wirklich sein Haus. Er ist in und mit dem Haus alt geworden. Ich bin sicher, dass er mit vielen Gegenständen Erinnerungen verbindet und Geschichten über sie erzählen kann. Das meine ich, wenn ich sage, dein Großvater ist eng mit den Dingen um ihn herum verbunden.« Sie schaut Daniel an, als wolle sie fragen, ob er verstanden habe. Er nickt. Während sie redete, ist ihm eingefallen, was Opa zu Mutter gesagt hat. Das ist mein Haus, hier bin ich geboren, hier lebe ich seit dreiundsiebzig Jahren.

»Erinnerungen sind für uns alle, besonders jedoch für alte Menschen sehr wichtig. Für sie ist oft wichtiger, was sie früher erlebt haben, als was sie heute erleben. Und wenn jemand sein halbes oder ganzes Leben lang im gleichen Haus gelebt hat, gehören beide zusammen. Wenn man so einen Menschen aus seiner gewohnten Umgebung reißt, dann ist das ungefähr so, als würde man ihm ein Stück von seinem Körper ausreißen – auch wenn man es eigentlich gut mit ihm meint.«

Daniel erschrickt. Er muss daran denken, was Alexander über das »Herumzerren an Opa« gesagt hat. Und der schreckliche Traum fällt ihm wieder ein. Nein, er will nicht an Opa herumzerren, ihm nichts ausreißen. Er nicht.

»Es gibt natürlich Fälle, wo es gar nicht anders geht, wo ein alter Mensch wirklich nicht allein in seiner Wohnung bleiben kann, weil er krank ist. Doch soviel ich weiß, ist das bei deinem Großvater nicht der Fall.«

Daniel kann nur den Kopf schütteln.

Sie schaut ihn an. »Ich glaube, es ist besser, wenn du jetzt nach Hause gehst. Warte hier, ich hole dir deine Tasche.«

Als sie die Tür öffnet, wird es im Klassenzimmer still. Daniel sieht, wie Johannes, René, Anna und Sabine die Hälse recken, um ihn zu sehen. Doch er stellt sich schnell hinter die Tür.

»So, hier ist deine Tasche«, sagt Frau

Jerowska. »Und wenn du nach Hause kommst, sprichst du noch mal mit deiner Mutter über alles. Sie ist doch da?«
»Ja«, antwortet er und nickt.

18

Daniel geht nicht nach Hause. Er wählt den kürzesten Weg zu Opa.
Unterwegs begegnet er Frau Berger. »Was machst denn du um diese Zeit auf der Straße? Du solltest doch jetzt in der Schule sein.« Sie hebt die Hand und lässt ihren Zeigefinger langsam hin- und herwackeln. »Oder hast du etwa geschwänzt?«
»Nein«, sagt Daniel und will an ihr vorbei. Doch sie fasst ihn schnell am Arm. »Lüg mich nicht an oder ich sag es deiner Mutter«, droht sie.
Daniel versucht sich loszureißen. Aber Frau Berger hält ihn nur noch fester. Da tritt Daniel ihr mit ganzer Kraft auf den Fuß. Sie schreit laut auf und lässt ihn los.
»Du unverschämter Lümmel!«, brüllt sie. »Warte nur, bis ich . . .«
Daniel ist schon in einer Seitenstraße verschwunden und hört nicht mehr, was Frau Berger alles hinter ihm herruft. Während er noch rennt, denkt er: Die ist wirklich blöd, saublöd! Und gemein. Hoffentlich tut ihr der Fuß furchtbar weh.

Die Gartentür ist abgeschlossen, also ist Opa nicht zu Hause. Daniel überlegt, was er jetzt tun soll. Nach Hause will er nicht, sonst muss er Mutter so viel erklären. Und wenn er weiter im Ort herumläuft, quatschen ihn bestimmt noch mehr Leute so dumm an wie Frau Berger.

Er entschließt sich auf Opa zu warten, greift nach dem Schlüssel, der immer in dem alten Holzbriefkasten liegt und schließt auf. Sofort läuft er zum Geräteschuppen und sieht, dass die Tür nur angelehnt ist. »Gott sei Dank«, murmelt er und geht hinein.

Schecki und die anderen Kaninchen knabbern beinahe ununterbrochen an Äpfeln und Salatblättern herum, mümmeln ohne sich von Daniel dabei stören zu lassen. Er schaut ihnen eine Weile zu, dann schiebt er den Riegel zurück, fasst Schecki fest im Genick und holt ihn aus dem Verschlag.

»Hallo, wie gehts dir? Habt ihr vom Opa wieder Äpfel bekommen? Das schmeckt fein, was?« Daniel krault Schecki zwischen den Ohren, wo er es am liebsten hat.

»Komm, du darfst ein wenig in den Garten.« Daniel kniet auf den Boden und kitzelt das Kaninchen mit einem Grashalm an der Schnauze. Schecki versucht ein paar Mal vergeblich den Halm zu erwischen und hoppelt schließlich davon.

»Halt, bleib hier!«, ruft Daniel, nimmt Schecki wieder auf den Arm und setzt sich ins Gras.

»Du hast es gut«, sagt er leise, nachdem er Schecki lange einfach nur gestreichelt hat. »Du kannst den ganzen Tag fressen, herumhoppeln und schlafen. Opa oder ich bringen dir dein Fressen und du brauchst dich um nichts zu sorgen.«

Schecki schnuppert an Daniels Pulli herum.

»Gell, der riecht komisch. Ich mag ihn auch nicht. Trotzdem muss ich ihn abtragen, sagt Mama.«

Plötzlich füllen sich Daniels Augen mit Wasser. »Ich will an Opa bestimmt nicht herumzerren, das glaubst du mir doch«, murmelt er. »Ich möchte nur, dass er es gut hat und nicht allein ist. Frau Jerowska hat gesagt, Opa ist gar nicht allein in seinem Haus. Was meinst du? Ob sie Recht hat?«

Schecki guckt Daniel einen Moment an, als müsste er nachdenken.

»Manchmal möchte ich auch ein Kaninchen sein.« Daniel drückt seine Nase gegen Scheckis weiche Schnauze. »Am liebsten würde ich Opa fragen, aber er wird immer so

laut, wenn man davon redet, was mit ihm werden soll ...«
»So, werde ich das?«
Daniel fährt herum, Augen und Mund weit geöffnet. Hast du mich erschreckt, will er sagen, bringt jedoch keinen Ton heraus.
»Hab ich dich erschreckt?« Opa streicht Daniel mit der Hand über den Kopf. »Das wollte ich nicht.« Er schaut sich um. »Was tust du denn überhaupt schon hier? Du müsstest doch jetzt in der Schule sein. Oder habt ihr schon wieder frei?« Die Antwort scheint ihm nicht so wichtig zu sein. Er hört nicht, was Daniel sagt. Stattdessen sucht er nach etwas, worauf er sich setzen kann. Der Blecheimer, in dem er sonst für die Kaninchen Regenwasser sammelt, ist ihm gerade recht. Er stellt ihn direkt vor Daniel umgekehrt auf den Boden und setzt sich drauf. »Ich glaube, du würdest dich auch wehren, wenn du in meiner Haut stecken würdest. Auf einmal wollen alle für mich denken, planen und entscheiden. Als ob ich das nicht mehr selber könnte, seit Oma gestorben ist. Ich möchte wirklich einmal wissen, was die sich eigentlich vorstellen.«
Daniel zieht den Kopf ein wenig ein, weil Opa immer lauter spricht.

»Alte Leute sind krank, hören und sehen nicht mehr richtig, sie sind tatterig und verkalkt, wissen nicht mehr genau, was sie tun und was los ist. So ähnlich müssen die Leute doch denken – wenn sie überhaupt etwas denken.« Plötzlich ist er still und schaut an Daniel vorbei. »Ist doch wahr«, sagt er dann mehr zu sich selbst als zu Daniel.
Jetzt muss ich etwas sagen, denkt der, irgendetwas. Er bekommt einen Feuerkopf wie sonst nur bei Frau Jerowska. »Aber du bist doch noch gar nicht so alt«, bringt er schließlich heraus und weiß im selben Augenblick, dass das kein besonders kluger Satz ist.
»Eben«, sagt Opa und lächelt sogar ein wenig. »Obwohl das Alter allein nicht ausschlaggebend dafür ist, was man für ein Kerl ist. Ich kenne Vierzigjährige, die wie Greise daherkommen.«
Daniel muss daran denken, dass Vater oft sagt: Jeder ist so alt, wie er sich fühlt. Das stimmt. Manchmal fühlt er sich alt, mindestens achtzig Jahre – oder fünfzig. So wie jetzt, wo er nicht weiß, wie er Opa wirklich helfen kann.
»Natürlich ist vieles schwieriger, seit Oma nicht mehr da ist. Das will ich gar nicht

leugnen. Sie fehlt mir schon sehr.« Er steht auf und sagt beinahe trotzig: »Aber deswegen bin ich noch lange kein kleines Kind, dem man alles sagen und zeigen muss.«
Daniel weiß nicht mehr, wie er sich verhalten soll. Und er traut sich auch nicht seinen Opa anzuschauen. Er ist richtig froh, dass er Schecki im Arm hält und ihn streicheln kann.
Opa stellt den Blecheimer wieder an seinen alten Platz.
»Komm mit rein, ich mach uns einen Tee. Oder willst du lieber ein Glas Milch?«
»Darf ich Schecki mit hineinnehmen?«, fragt Daniel vorsichtig.
»Meinetwegen.«
Opa schließt die Haustür auf und geht in die Küche. Daniel trottet hinterher. Die Küche ist für ihn der schönste Raum in Opas Haus. Auch wenn Mutter immer sagt, sie dürfte ruhig öfter aufgeräumt und geputzt werden. Daniel mag es nicht, wenn alles so fein säuberlich aussieht, dass man sich kaum hinzusetzen traut. In Opas Küche ist das zum Glück nie der Fall. Jetzt liegen zum Beispiel Brotkrümel und ein Messer auf dem Tisch. Über der Stuhllehne hängen eine Hose und ein Paar Socken. Im Spültisch steht noch das

Geschirr von gestern und heute früh. Auf dem Küchenschrank verdeckt die aufgeschlagene Zeitung einiges von dem, was Mutter Opas Schlamperei nennt. Und neben dem alten Herd sind Holzscheite gestapelt. Der Herd ist überhaupt das Tollste im Haus, findet Daniel. Links hat er zwei kleine Türchen. Ins obere kommen Holz, Kohlen und Briketts rein, unten kommt die Asche raus. Im rechten Teil des Herdes kann man Kuchen backen. Obendrauf ist ein Wasserbehälter, den Opa »Schiff« nennt, obwohl er keinerlei Ähnlichkeit mit einem richtigen Schiff hat. Wenn ein Feuer im Herd brennt, wird das Wasser im »Schiff« warm oder heiß, je nachdem, wie viel Holz und Kohlen man zum oberen Türchen hineinschiebt. Neben dem »Schiff« sind die Feuerstellen. Darauf stellt man Töpfe und Pfannen. So einen tollen Herd hat Daniel sonst nur im Museum gesehen.

Am wohlsten fühlt sich Daniel, wenn er auf dem uralten Sofa sitzt und das Holz im Herd so schön knackt und knistert. Nur Omas Geschichten fehlen ihm sehr. Hier, auf dem »Märchensofa«, hat sie ihm die meisten Geschichten erzählt. Er schielt zu Omas Platz, kneift die Augen zu und sieht sie neben sich sitzen.

Opa scheint Daniels Gedanken wieder einmal zu ahnen. »Ja, ja«, sagt er, während er den Tee aufbrüht, »da ist die Oma immer gesessen und hat dir Geschichten erzählt.« Daniel fühlt sich ertappt. Er war mit seinen Gedanken weit weg, hat Opa gar nicht mehr bemerkt.
»Das konnte sie wie keine Zweite. Ich habe ihr auch gerne zugehört. Nur, meine Sache ist das Erzählen leider nicht. Ich kann nicht viele Worte machen.« Er stellt ein Glas auf den Tisch und schenkt Daniel aus einer verbeulten Blechkanne Milch ein. Darin holt er jeden Abend frische Milch vom Bauern. Daniel mag sie nur, wenn sie schön kalt aus dem Kühlschrank kommt. Wenn die Milch noch kuhwarm ist, trinkt er sie nicht gern. Einmal ist sie ihm sogar beinahe wieder hochgekommen.
Opa setzt sich mit seiner Riesentasse Tee an den Tisch. Dann schlürft er kleine Schlückchen davon, zischt zwischendurch mehrmals »Aaaah« und »Uuuuh« und bläst die Luft aus, weil der Tee noch viel zu heiß ist. Aber er kann nicht warten, nie kann er warten.
Daniel überlegt schon die ganze Zeit, wie er das fragen soll, was er von Opa wissen möchte. Immer wieder legt er sich in Gedanken

die Worte zurecht, immer wieder fallen ihm die schönen Sätze auseinander, sobald er den Mund öffnen will.

»Opa«, sagt er schließlich und schaut dabei auf Scheckis lange Ohren. »Frau Jerowska hat gesagt, du bist gar nicht allein.« Mehr bringt er im ersten Anlauf nicht heraus.

Opa stellt seine Tasse ab und mustert Daniel mit einem seltsamen Blick. »Wie kommt Frau Jerowska dazu, über mich zu reden?«

Daniel wird es wieder heiß. »Ich konnte nicht aufpassen«, stottert er. »Und sie wollte wissen, was mit mir los ist. Da musste ich es ihr doch sagen.«

»Was musstest du ihr sagen?«

»Dass ich immer daran denken muss, dass du allein bist und sie dich vielleicht doch . . .« Er will jetzt nicht weinen, aber die Tränen kommen einfach.

Opa setzt sich zu ihm auf das Sofa. »Du hast eine gescheite Lehrerin. Sie hat nämlich Recht. Ich bin nicht allein. Du bist ja bei mir und Alexander und deine Eltern. Und wenn ihr nicht da seid, bin ich auch nicht allein. Dazu habe ich gar keine Zeit. Da sind die Kaninchen, die täglich versorgt werden müssen. Der Gartenzaun hat Löcher. Das gibt eine Menge Arbeit. Die Gemüsebeete muss ich in Ordnung halten. Und gestern hat mich die Hilde von nebenan gefragt, ob ich ihr nicht ein Treppengeländer machen könne. So kommt immer eins zum andern. Außerdem will ich hin und wieder ein paar alte Freunde besuchen. Dann gibt es auch Stunden, wo ich ganz gern mal allein bin, um in Ruhe über viel nachdenken zu können. Und schließlich muss ich auch noch jeden Tag kochen . . .«

»Kannst du denn kochen?« Daniel sieht Opa ungläubig an. Er hat noch nie darüber nachgedacht, was Opa eigentlich isst.

»Ob ich es kann, weiß ich nicht.« Opa schmunzelt. »Mir schmeckt es jedenfalls meistens. Und je öfter ich koche, desto besser gelingen mir die Sachen, glaube ich.«

»Ja, aber . . .« Daniel ist sprachlos.

»Ich kann mir schon denken, was du sagen willst. Aber merk dir eines: Man kann alles lernen – wenn man sich ein bisschen Mühe gibt; egal wie alt man ist. Und was das Kochen betrifft, so ärgert mich nur, dass ich es nicht schon viel früher gelernt habe. Wenn du klug bist, dann wartest du damit nicht so lange wie ich.«

Daniel traut seinen Ohren kaum. Opa kann kochen! Das hätte er nie gedacht. Opas gute

Laune macht Daniel Mut. »Und wenn du krank wirst oder nicht mehr richtig gehen kannst?«, fragt er. »Was wird dann?«
Opa lässt sich mit der Antwort Zeit. Er schlürft wieder von dem Tee. Er schlürft, obwohl der Tee nicht mehr heiß ist..
»Dann«, beginnt er endlich, »dann werde ich mir überlegen, was ich tun soll. Du brauchst jedenfalls keine Angst zu haben, dass mich jemand in ein Altersheim oder sonst irgendwohin abschiebt. Ich bin mein eigener Herr und bestimme selbst, was ich tue. Und das soll auch so bleiben.«
Er nimmt seinen Arm von Daniels Schulter und dreht den Kopf. Sie sehen sich in die Augen. »Wenn du mir in Zukunft ein wenig hilfst, werde ich es schon packen.«
Daniel kann nur noch nicken, obwohl er so viel sagen möchte.